Il Narcisismo

Difenditi dall'abuso narcisistico e dalla manipolazione. Scopri come gestire un narcisista e riprendi il controllo della tua vita

Cecilia Overt

ISBN:9798650305675

"Molti provano dell'ammirazione solamente quando si mettono davanti allo specchio".

Pierre Veròn

Sommario

Introduzione

La psicologia umana è un argomento molto complesso. Gli esseri umani hanno tratti caratteriali che si formano nell'infanzia e che derivano dalle loro prime esperienze di vita. Ogni giorno, gli psicologi studiano gli esseri umani cercando di capire le ragioni che si celano in modo estremamente sottile dietro ai loro comportamenti e, nel corso degli anni, si sono sviluppati molti moduli comportamentali che mostrano come, dietro la maggior parte delle azioni umane, ci siano sempre determinate spiegazioni. Tuttavia, esiste un tipo di personalità che rimane un grande mistero per molti.

Il Narcisismo

Tratti di personalità narcisistica possono riscontrarsi in ognuno di noi. Soprattutto in quest'ultimo periodo, viviamo una deriva narcisistica che non ha eguali nella storia. Ed anche se ci sono teorie che cercano di spiegare perché le persone mostrano comportamenti narcisistici, nulla sembra porre mai fine a questa vicenda.

Per capire l'argomento degli abusi narcisistici, dobbiamo partire prima dalle basi e capire il narcisismo stesso. Dobbiamo avere una comprensione più profonda di cos'è il narcisismo, di cosa fa e di come nasce.

Cos'è il narcisismo e chi è il narcisista

Il narcisismo è generalmente conosciuto come un disturbo della personalità dove le persone che ne soffrono si attribuiscono inconsciamente un senso d'importanza gonfiato all'ennesima potenza. Queste persone, tendono a pensare di essere più importanti di chiunque altro, percepiscono gli altri come inferiori, non li ritengono degni di star loro vicino ed hanno un eccessivo, smisurato e alle volte fastidioso bisogno di attenzioni e ammirazione. Questa viscerale voglia di attenzioni li porta spesso ad utilizzare espedienti di ogni tipo verso gli altri. Loro non chiedono ma, piuttosto, pretendono attenzione. Le relazioni che ne derivano sono quasi sempre relazioni problematiche che sfociano spesso in abusi, prevaricazioni, totale assenza di empatia e che tendono a minare l'autostima altrui. Chi soffre di narcisismo ha la tendenza a danneggiare gli altri per proteggere sé stesso ed a salvaguardare il proprio ego che sente costantemente minacciato.

Gli effetti di una persona che soffre di narcisismo sono di solito distribuiti nella stessa misura alle persone che gli sono intorno. Lui/lei, potrebbe anche non sapere di avere un problema. Anzi, il più delle volte non lo sa. Sono, invece, le persone che si legano a loro a soffrire le conseguenze della loro condizione. So che sembra paradossale tutto questo. Ma è proprio così. Il disturbo narcisistico della personalità, alla fine, si traduce nell'instaurare relazioni personali e di lavoro povere, vuote e portatrici di grande sofferenza per gli altri. I narcisisti difficilmente riescono a costruire relazioni sane e possono vivere problemi finanziari anche seri a causa della loro totale incapacità di fondare i rapporti su basi comportamentali sane.

Chi soffre di disturbo narcisistico della personalità è generalmente una persona infelice. Sono persone molto fragili che possono diventare violente se non ricevono l'attenzione di cui hanno bisogno. Pretendono dagli altri tutto ciò che credono di meritare e cercano di ottenerlo attraverso una sottile manipolazione e spesso anche con l'uso della forza.

La maggior parte della gente riesce a percepire gli individui narcisistici solo come persone egoiste ed amanti di sé. Tuttavia, il narcisismo ha radici molto più profonde del semplice egoismo. Il narcisismo presuppone che colui che ne è affetto si prenda tutto ciò che crede debba essere lui dovuto, attraverso qualsiasi mezzo possibile. Loro non prestano molta attenzione ai sentimenti o ai desideri degli altri, danno priorità a loro stessi e ai loro bisogni e cercano di ottenere e, spesso ci riescono, quello che vogliono fregandosene di pestare i piedi al prossimo.

Ci sono diverse soluzioni di trattamento per il narcisismo, ovviamente a seconda del grado dello stesso, anche se molti testi sostengono che non ci sia cura, che il narcisista non possa esser curato. Non è assolutamente così! Il problema più grande, semmai, è l'accettazione da parte del soggetto della sua condizione. Purtroppo, gli individui narcisisti non riconoscono di soffrire di questa "maledizione". E chi gli sta vicino potrebbe anche, ed il più delle volte è così, non riconoscere che quella persona soffre di narcisismo, rendendolo indirettamente più minaccioso.

Nei casi in cui amici o familiari, invece, ne riconoscono i sintomi, il problema diventa quello di convincere la persona narcisista a cercare aiuto proprio perché, come già detto, la maggior parte di loro crede di essere superiore e migliore di chiunque altro. Quindi anche di chi potrebbe aiutarlo.

Parliamoci chiaro, conoscendone i caratteri principali, il narcisismo può essere facilmente rilevato. Ovvio che fare una diagnosi è compito riservato agli esperti del settore. Ma possiamo farcene più che un'idea. E dato che questa condizione causa più danni alla famiglia e agli amici di quanto non ne causi all'individuo stesso che ne soffre, tutti dovrebbero prestare attenzione alla ricerca dei sintomi.

Individuare precocemente i comportamenti prodotti da possibile narcisismo può aiutarti ad evitare di iniziare relazioni abusive ed anche aiutare un individuo narcisista a chiedere ed ottenere aiuto. Ipotesi questa, però ribadiamolo, molto difficile.

Sintomi del disturbo narcisistico della personalità

1. Gli individui narcisisti hanno un senso grandioso di importanza. Essi si vedono come superiori a tutti quelli che gli stanno intorno.

2. Richiedono costante attenzione e ammirazione da parte degli altri.

3. Si aspettano SEMPRE di esser riconosciuti come superiori, anche senza aver alcun motivo valido grazie al quale desumerlo.

4. Hanno un senso di realizzazione esagerato e parlano apertamente delle loro abilità superiori.

5. Hanno fantasie di potere, successo, bellezza e anelano la perfezione. Si vedono come superiori e si legano, apparentemente, e instaurano pseudo-relazioni solo con individui che hanno uno status sociale pari al loro.

6. Amano controllare le conversazioni e sminuire subdolamente gli individui che percepiscono come inferiori.

7. Si aspettano favori da tutti senza mettersi mai in discussione; se le loro richieste non sono soddisfatte si offendono e cominciano ad agire drasticamente.

8. Non esitano ad approfittarsi di chiunque ruoti intorno a loro per ottenere ciò che vogliono.

9. Non riconoscono i sentimenti e i desideri degli altri; privilegiano i propri bisogni e non si preoccupano dei sentimenti dell'altra persona.

10. Di solito sono molto invidiosi ma credono siano gli altri ad invidiarli per il loro successo e la loro superiorità.

11. Le loro azioni sono passivo/aggressive (spiegheremo più avanti cosa significa) e le parole che usano mostrano spesso arroganza e disprezzo; si vantano parlando bene di sé stessi e sminuiscono costantemente tutti gli altri.

12. Credono che quello che hanno o possiedono sia meglio di tutto ciò che hanno gli altri. Sono spesso ossessionati dal possedere beni costosi e dal vivere una vita di lusso.

13. Si arrabbiano facilmente, per i motivi più banali. È un modo indiretto di cercare e ricevere attenzioni.

14. Hanno problemi nel gestire lo stress e non accettano facilmente il cambiamento.

15. Appaiono spesso lunatici e depressi.

16. Nascondono i loro sentimenti di insicurezza, vulnerabilità e vergogna tossica proprio grazie al continuo ostentare la loro presunta superiorità.

Ora, comprendere il narcisismo ti aiuterà ad aprire gli occhi e ad individuare queste terribili persone. I narcisisti, fondamentalmente, sono individui che, se li si conosce un po', mostrano in modo molto evidente i tratti del loro disturbo. Una persona che all'apparenza mostra una forte autostima, dovrebbe comaginciare a far pensare fin da subito. Perché potrebbe proprio essere un narcisista.

I narcisisti sono comunemente noti soprattutto per i loro abusi. Cominciamo, quindi, ad approfondire l'argomento ed a capire perché questi curiosi soggetti riescono a relazionarsi con gli altri solo mediante abusi e manipolazioni.

Va però sottolineato che alcuni dei sintomi e delle caratteristiche appena menzionate, non necessariamente individuano SOLO una persona narcisista. Sono sintomi e caratteristiche che possono mischiarsi con altre appartenenti ad altre classificazioni (cluster) e grazie alle quali la personalità in sede di diagnosi deve esser analizzata più attentamente. I disturbi della personalità possono anche mostrare segni e sintomi simili e prima di poter dire definitivamente che qualcuno è narcisista, bisogna quindi valutare attentamente ed individuare nel soggetto alcuni dei sintomi che vengono definiti pervasivi e predominanti.

Ricorda, però, che le persone che soffrono di questo disturbo possono essere molto pericolose, soprattutto quando non conoscono la condizione di cui soffrono. E, purtroppo, non la conoscono quasi mai.

Possono procurarti dolore o procurarne tanto a qualcuno a te vicino senza saperlo. Se non li conosci, tecnicamente parlando, difficilmente riuscirai a riconoscerne l'abuso. E frequentandoli per molto tempo comincerai a credere a qualsiasi cosa ti dicano. Quando un narcisista ti vede come una persona senza valore, succede quasi sempre perché non sarai mai al loro livello, finirà per credere che sei inutile. Per questo, devi essere vigile e mantenere il controllo prima che qualcuno ti metta nell'angolo in un posto dove non devi stare. In un posto dove tu non hai alcun valore. È pericoloso, scappa prima che sia troppo tardi.

Tipologie di Narcisisti

Gli individui narcisisti mostrano spesso caratteristiche diverse. In sostanza, però, possiamo dire che una persona narcisista è un manipolatore.

Tali soggetti utilizzeranno tutti gli strumenti a loro disposizione per farti credere che loro sono i migliori e meritano quindi di essere trattati in modo speciale. L'obiettivo finale di tutti i narcisisti è quello di avere il controllo. Però, essi non manifestano il loro disturbo in modo simile. Alcuni mostrano pubblicamente il loro senso di auto-glorificazione, il loro ego ipertrofico, quel super-io stucchevole e fastidioso. Altri, invece, lo fanno in silenzio, si nascondono dietro un'apparente innocenza. Ma, alla fine, sono tutti ugualmente distruttivi.

Esistono 6 tipologie di narcisisti nelle quali i caratteri si mischiano incredibilmente ma dove un tratto è predominante sugli altri. Vediamole...

Il narcisista tossico

Il narcisista tossico è pericoloso ma è anche il più facile da individuare. Il narcisista tossico mostra la sua superiorità provocando drammi nella vita di altre persone. Secondo lo psicologo Preston Ni, professore di scienze della comunicazione presso il Foothill College in California e autore del libro "Come gestire con successo le persone manipolative", il narcisista tossico può causare grande dolore e distruzione quando è spinto al limite. È infatti, disposto a tutto se le cose non vengono fatte a modo suo. Se avete un amico oppure un vostro membro della famiglia che si comporta in questo modo, non considerando assolutamente i vostri sentimenti o i vostri bisogni, lo dovreste individuare per correre ai ripari e proteggervi.

Alcuni comportamenti di questa tipologia di individui possono esser scambiati spesso per gelosia. Va detto, però, che nelle relazioni, una certa forma di gelosia sana è positiva ma se un comportamento di questo tipo causa drammi e problemi in modo costante nella vostra vita, allora dovreste esaminare attentamente questo tipo di azioni. Questo tipo di persone godono quando sei pubblicamente umiliata. Magari possono scusarsi più tardi, dopo averti fatto del male, dopo averti fatto perdere lavoro e denaro o dopo aver distrutto la tua integrità emotiva. Ma sono felici di vedervi crollare e faranno qualsiasi cosa per assicurarsi di avere sempre il controllo del rapporto.

Il narcisista psicopatico

Con il narcisista psicopatico siamo a livelli estremi. Lui è molto più pericoloso di quello tossico. Gli psicopatici, fondamentalmente, non hanno empatia. Sono soggetti aggressivi, violenti e totalmente instabili. Sono facilmente irritabili, possono diventare collerici in qualsiasi momento, all'improvviso e non riescono a gestire le emozioni. Possono infliggere dolore estremo anche a qualcuno che affermano di amare, possono mostrare una forma di rimorso ma costruita solo a fini manipolativi e, per altro, molto dopo aver posto in essere un determinato comportamento. Questo tipo di narcisismo, paradossalmente, si manifesta soprattutto nelle relazioni romantiche. Se siete in un rapporto in cui il vostro partner abusa in modo costante di voi, facendovi violenza fisica o manipolandovi, non dovreste assecondarlo mai più.

Questo tipo di narcisismo è, come detto, il più pericoloso. È estremamente distruttivo e può portare anche alla perdita di vite umane.

Chiunque noti segnali di questo tipo, deve prenderne immediatamente le distanze proprio per un discorso di sicurezza personale.

Il narcisista covert

Il narcisista covert è forse quello più difficile da individuare. Fondamentalmente non causano veri e propri drammi, difficilmente infliggono dolore fisico alle persone che li circondano. Ma disprezzano il prossimo in modo subdolo ed hanno quel tipo di rabbia che si definisce passivo-aggressiva. Credono fortemente di essere superiori alle persone intorno a loro, non lo ostentano sfacciatamente, a differenza degli overt, e hanno costantemente bisogno degli altri per soddisfare la loro fame di ammirazione. Non sono ostili ma possono diventare violenti se provocati. Spesso possono confidare i loro pensieri più intimi ad un amico o ad un familiare, tenere diari di memorie e consultare libri. A volte, possono essere superstiziosi ed anche credenti. Fingono spesso di essere altruisti e l'unico segnale esplicito che danno relativamente alla loro natura è quando si legano in modo amicale o sentimentale a persone che ammirano...salvo poi svalutarle passato un po' di tempo.

Hanno paura di essere giudicati dagli altri e possono, per questo, evitare le persone. Preferiscono, o meglio non disdegnano stare da soli e si godono in silenzio il loro senso di superiorità.

Come detto sopra, se non si hanno conoscenze tecniche piuttosto importanti, sono difficilmente individuabili. Bisogna aver dimestichezza con il saper leggere le emozioni oltre ad avere una buona conoscenza dell'argomento.

Sei hai una relazione con un narcisista covert puoi però valutare, magari assieme ad un professionista, i suoi comportamenti.

Il narcisista overt

Lui è l'opposto del narcisista covert! Esprime palesemente il suo comportamento narcisistico, è un attore nato, un istrionico.

Grida ad alta voce al mondo che è migliore di chiunque altro. Si vanta pubblicamente delle sue capacità e dei suoi talenti che, ovviamente, sono migliori di quelli degli altri. Tutto ciò che possiede lo associa alla sua superiorità e crede che le altre persone siano inferiori. È spesso arrogante e prova gioia nello sminuire il prossimo in modo estremamente diretto. Ridicolizza pubblicamente e umilia chiunque, perché lo ritiene inutile. Si vanta del desiderio di avere le cose migliori, che non è una cosa negativa in senso assoluto ma lo diventa perché lo fa in modo sprezzante. Crede di meritare il meglio. Non si dispiace mai per i torti che fa e non mostra mai rimorso per le sue azioni. Pensa che tutto gli sia dovuto, si sente libero di fare ciò che vuole e crede di non dover rispondere di nulla. È una persona molto rumorosa, spesso in gruppo risulta odioso e ama mostrarsi in foto sui social media dando risalto del proprio tenore di vita e dei beni materiali che possiede.

Quando raggiunge qualcosa se ne vanta fino alla noia...degli altri.

Il narcisista prepotente

Il narcisista prepotente è simile al narcisista esibizionista (overt) ma con alcuni aspetti relativi al sadismo, al voler fare intenzionalmente male. Vive con lo scopo principale del rendere infelici gli altri. Per lui, la vita è una competizione e deve sempre vincere. È una tipologia di narcisismo molto evidente in politica. Quando, difatti, ricopre ruoli di potere può liberamente dare sfoggio del proprio campionario narcisistico esercitando apertamente il proprio potere sugli altri facendone leva per vincere sempre. Usa le minacce e la paura per far sentire gli altri piccoli e non degni di aver a che fare con lui.

Qui, però, va fatta una precisazione relativamente alla distinzione tra un prepotente normale e un prepotente narcisista: un prepotente normale minaccia e tende a ferire le persone per conseguirne un vantaggio materiale. È una specie di ricompensa immeritata. Al contrario, un narcisista prepotente lo fa per ottenerne un vantaggio personale. Può arrivare a minacciare o ferire una persona solo per ottenere quello che vuole. E quello che vuole, il più delle volte, è l'umiliazione altrui. Il narcisista prepotente è sempre nella posizione di voler qualcosa che crede gli appartenga per diritto divino. E pur di ottenerlo utilizza quella violenza psicologica fondata sul ruolo di potere che ricopre.

Il narcisista seduttore

Come il covert, anche questo è molto difficile da individuare. È difficile perché in questo caso, lui non mostra le caratteristiche comuni del narcisismo. Il narcisista seduttore utilizza parole dolci e azioni per far sentire grande ed importante chi si relaziona con lui con l'unico scopo di vincere. Dopo aver conquistato la tua fiducia, il narcisista seduttore ti userà per ottenere un vantaggio personale e ti cancellerà una volta che non sarai più considerata utile al suo scopo. Non vedevi l'ora immagino. Si, è proprio ciò che stai pensando. Lui appare spesso nelle relazioni romantiche. Farà di tutto per conquistarti perché in quel momento ti desidera. O meglio, conquistandoti ottiene quel rifornimento narcisistico di cui ha bisogno. Dopo aver ottenuto la gratificazione, ti scarterà per passare alla prossima vittima.

Narcisisti si nasce o si diventa?

Sappiamo che alcuni artisti come musicisti esperti, attori, calciatori e ballerini non sono nati così. Lo sono diventati con studio e applicazione costante. Va però considerato che alcuni individui mostrano livelli di eccellenza in alcuni settori anche in età molto tenera. Si pensi a Mozart ad esempio, a Beethoven. Oppure si pensi a Maradona nello sport o ad Einstein nella fisica. Bene, per questo tipo di persone, le capacità di eseguire determinati atti sono radicate in modo naturale all'interno di loro stessi sin dalla nascita.

E così, come succede nell'arte e nello sport ad esempio, la personalità di un individuo sembrerebbe poter essere associata al DNA. Un bambino nato da un musicista, crescendo, potrà naturalmente rivelarsi un musicista. Uno nato da un campione sportivo idem.

Quindi, alcuni, sono portati a pensare che un bambino nato da un narcisista possa alla fine rivelarsi narcisista. Ma arte, sport e talento da una parte e tratti della personalità dall'altra sono cose differenti. È cosa acclarata che le persone che hanno meno talento in alcuni campi, formandosi attraverso esperienze dirette, costanza studio e allenamento possono migliorare parecchio.

La psicologia, difatti, mostra che le esperienze vissute da una persona in tenera età, contribuiscono in gran parte alla formazione della loro personalità. Alcuni individui, anzi quasi tutti direi, adottano determinati modelli comportamentali che sono fondati sulle loro esperienze di vita e sulla loro educazione. Quando si tratta di narcisismo, la domanda se narcisisti si nasce o si diventa è una domanda che potrebbe non trovare mai una risposta chiara. È chiaro che l'ambiente in cui si cresce e l'educazione hanno il loro peso importante ma in proposito ci sono argomentazioni che sono in netto contrasto tra loro.
Infatti, da una parte non ci sono ancora sufficienti dati statistici che associano individui narcisisti con genitori narcisisti. Alcuni individui che mostrano comportamenti narcisistici, difatti, sono cresciuti in un ambiente molto sano. Secondo Rodney Demery, autore TV americano ed ex detective della squadra omicidi, ad esempio, alcuni degli individui con personalità narcisistica, artefici di gravi reati, hanno goduto di una buona educazione. Guardando alle loro famiglie non emerge alcun segno di narcisismo. Dall'altra però, anche se non è molto chiaro quale sia

la causa principale del narcisismo, alcuni individui sviluppano tratti pervasivi di personalità narcisistica proprio a causa di esperienze di vita vissute nell'ambiente in cui sono cresciuti.

Ancora, chi subisce un trauma in tenera età, può crescere, ad esempio, insicuro e con un forte senso di autodifesa. Può, quindi, in età adulta, desiderare di abusare in diversi modi degli altri per evitare di rivivere ancora quel trauma.

 Suzanne Degges-White Ph.D. consuelor piuttosto conosciuta, invece, suggerisce che il narcisismo sembra essere radicato nel soggetto ancor prima di venire al mondo. Lei lo associa a due principali attributi dei neonati: l'illimitatezza e l'onnipotenza. Quando un bambino è nel grembo materno gode di un ambiente completamente sufficiente. Può nutrirsi e passare il tempo senza doversi preoccupare di nulla. All'interno del grembo materno, il bambino ha la libertà di fare tutto ciò che vuole e di godere di una vita tranquilla. Tuttavia, non appena viene spinto fuori nel mondo, comincia la lotta. Nel nuovo ambiente, i limiti a ciò che può o non può avere cominciano a farsi sentire e quell'onnipotenza e quell'illimitatezza accennata sopra e di cui godeva all'interno del grembo materno svaniscono.

Si ritiene che questo drastico cambiamento di ambiente e condizione possa influenzare un bambino. Avendo, difatti, sviluppato un certo tipo di 'riconoscimento mentale' all'interno dell'utero, una volta non riconosciuto al di fuori, potrebbe cominciare a sviluppare un comportamento aggressivo-egocentrico che può mutare successivamente in narcisismo.

Inoltre, anche una tata può svolgere un ruolo importante. In questa circostanza ci si riferisce a quel momento non proprio immediato alla nascita. Quando cioè il bambino comincia ad essere un minimo indipendente e non ha più bisogno in modo totalitario della mamma. In questo periodo, la persona che se ne occupa dovrebbe cercare il più possibile di colmare il divario situazionale derivante da questo passaggio cruciale. Se mancano determinati presupposti, se quindi le forniture sono carenti od esageratamente differenti, lo sviluppo di una personalità narcisistica potrebbe trovare terreno fertile.

Molte teorie cercano di spiegare il motivo per cui alcune persone manifestano tratti piuttosto importanti di personalità narcisistica. Così come diversi psicologi cercano di spiegare in modo diverso le cause di questo comportamento. Tuttavia, non sarà mai chiaro perché alcuni diventano così senza cuore verso altri esseri umani. Resta difficile spiegare perché alcune persone non riescono a mostrare emozioni, non riescono a riconoscerle o sono totalmente sprovvisti di empatia. E non possiamo nemmeno associarle ad un genere o ad una razza. Semplicemente esistono. Non trovate ci sia qualcosa di estremamente perverso in tutto questo? Anche il modo in cui il narcisismo si manifesta, in fondo, è proprio narcisismo.

Capitolo 1 – I tratti comuni del Narcisismo

Ora cominciamo a considerare alcuni segnali che possono farti pensare che la persona con la quale ti stai relazionando sia un narcisista. Abbiamo già detto che molti narcisisti sono bravi nel loro lavoro e sono straordinariamente abili a nascondere la loro vera natura, almeno all'inizio. Ci vuole un po' prima di cominciare a notare determinati segnali e, purtroppo, è molto più facile rimanere invischiati in una relazione con loro prima di scoprire che sono narcisisti. Quindi, prima di notare che c'è qualcosa di sbagliato nel modo in cui si comportano, probabilmente sarai già stata catturata.

Ciò che capita molto spesso, è che quando si passa tempo a cercar di capire il narcisismo, leggendo pagine web o guardando video su youtube, allora è facile saltare a conclusioni affrettate e pensare che chiunque abbia un comportamento particolare o manipoli il prossimo, sia un narcisista. Ultimamente, in molti parlano di manipolazione e la vedono come una cosa negativa, ed in molti casi lo è! Ma tutti noi usiamo la manipolazione, in forme più o meno marcate. Dobbiamo, quindi, prenderci un po' di tempo per vedere cosa effettivamente classifica una persona come narcisista.

Secondo le informazioni del manuale diagnostico dell'American Psychiatric Association, un soggetto può classificarsi come narcisista quando avrà almeno cinque delle caratteristiche di cui parleremo in questa sede e che abbiamo menzionato brevemente nell'introduzione.

1) I narcisisti hanno un senso d'importanza esagerato.

Le persone con un disturbo narcisistico della personalità si considerano sempre superiori agli altri. Va bene avere e mostrare in parte una certa autostima, in modo magari non teatrale e sfacciato come fanno loro, è un chiaro segnale di sicurezza in sé stessi. Ma quando, appunto, lo si fa per la maggior parte del tempo come un gallo dentro al pollaio qualcosa non quadra. Spesso, al contrario, alcuni narcisisti non hanno grandi risultati. O meglio, non si tratta di risultati in grado di giustificare questa superiorità e non possiedono nemmeno le competenze per poter validare questo tipo di comportamento. Hanno indubbiamente delle qualità, come tutti d'altronde. Ma penseranno che le loro sono migliori di quello che sono realmente. Cercheranno di svalutare le competenze degli altri ed addirittura qualsiasi altro contributo che gli altri proveranno a portare nella discussione, verrà puntualmente sminuito in modo piuttosto fastidioso. Potreste scoprire spesso che un narcisista pensi che tutti coloro che incontra devono essere in grado di apprezzarlo esageratamente. E potreste anche scoprire che quando non ricevono questo tipo di gratificazione, intesa come una lode che per qualche ragione pensano di meritare, saranno sorpresi e sconvolti. Non solo, quando ciò non avviene, tendono ad incolpare o sminuire gli altri. Che si tratti di mancato riconoscimento in termini sociali, oppure di scarsa attenzione da parte di un'altra persona, sarà sempre e solo colpa degli altri. Il narcisista non ha MAI colpe! Quando non assecondato, assurge al ruolo di vittima di quell'universo che lui pensa essere inferiore e costituito da mediocri incapaci di apprezzarlo.

2) Il narcisista crede di essere unico e speciale

Come già accennato, non c'è niente di male ad avere un buon livello di autostima e fiducia in sé stessi, nella vita e nel mondo in cui viviamo; ciò, può esser in realtà un'ottima cosa. Ma quando è un narcisista a comportarsi così, allora è più probabile che tutto ciò sia portato all'estremo risultando, per tanto, disfunzionale.
I narcisisti pensano di essere così speciali ed unici che solo altre persone speciali ed uniche saranno in grado di capirli. Per questo motivo amano circondarsi di persone appartenenti ad un certo status sociale (con differenze che analizzeremo in altra sede). Questo status può annoverare medici, professionisti affermati, persone importanti in determinati ambiti ecc. che considerano 'amici' fin da subito.
Quelle rare volte che finiscono in terapia, ad esempio, capita sovente che, durante i colloqui, essi siano molto specifici su cosa pensano e come vogliono esser visti. Proiettano un'immagine di loro che il più delle volte rasenta la perfezione. Scelgono, di

conseguenza, qualcuno che sia sopra la media e non accettano quella normalità che loro definiscono mediocre. Loro sono il meglio. E solo il meglio può relazionarsi con loro (all'inizio).

3) Il narcisista pretende sempre di esser ammirato

La maggior parte delle volte, quindi, il comportamento del narcisista mostrerà una sovrabbondanza di spocchia ed egocentrismo in modo assolutamente invadente. Ma, al di la di questa sua caratterizzazione, il livello di autostima è al contrario piuttosto basso. La sua fragilità è proprio questa; appare sicuro e forte ma, invece, è estremamente fragile. Il narcisista passerà gran parte del suo tempo a preoccuparsi di come gli altri lo vedono. E quando scoprirà che coloro che lo circondano non sono disposti a distribuirgli tonnellate di lode ed ammirazione costante, si sentirà spaesato, mostrando tutto il suo disappunto con modalità estremamente infantili. Questo è un aspetto che emerge molto spesso in una relazione con un narcisista. Lui entrerà nella relazione come una bomba atomica e si comporterà fin da subito verso l'altro senza alcun limite o barriera comportamentale. Ma tutto questo durerà solo nel periodo di idealizzazione dell'altra persona. Potrà sembrare davvero affascinante e potrà inondarvi di affetto e attenzione, in quel processo noto come love-bombing. Ma una volta che il partner comincerà a voler lottare per sé stesso, e per questo intendo 'provare a mostrarsi apertamente', allora tutto questo sparirà in brevissimo tempo.

In via definitiva il narcisista si aspetta che gli altri lo ammirino. Ma quando gli altri, interagendo con lui, mostreranno disaccordo ed opinioni differenti, allora emergeranno problemi. Ed è qui, proprio in questo tipo di situazione, che comincerà a venir fuori tutta la sua cattiveria. La maschera calerà e quello che fino a poco prima era un orsacchiotto dispensatore di affetto, compiacenza ed amore, diventerà un soggetto problematico e totalmente abusante.

4) Il narcisista si sente autorizzato a fare tutto

Analizzando il comportamento del narcisista, scopriamo che spesso lui si sente autorizzato a fare cose di cui non ha alcun diritto. Ha la falsa convinzione che le regole e le leggi che esistono non siano per lui e si applichino solo agli altri. Questo emerge da diversi metodi che utilizza durante la relazione. È, ad esempio, irrispettoso verso gli altri quando invece una relazione sana, di qualsiasi tipo essa sia, non può prescindere dal rispetto. E ciò si manifesta spesso verso figure che ricoprono particolari ruoli di autorità. A lui tutto DEVE esser dovuto.

Potrete scoprire inoltre che il narcisista si aspetta che gli altri si pieghino al suo cospetto (per questo prima ho menzionato l'eventualità del prossimo che comincia a lottare per mostrarsi nella sua interezza) e facciano salti attraverso i cerchi come fanno i cagnolini al circo, solo per poter essere considerati. E la cosa paradossale è che quando qualcuno farà tutto questo, lui neanche lo apprezzerà fino in fondo.

Nella mente del narcisista esiste la convinzione, e per lui è perfettamente giustificata, che tutto ruoti intorno alla sua vita e gli debba esser pianificato intorno. Poi, si sentiranno liberi magari di non presentarsi nemmeno, nonostante il duro lavoro fatto. Nella loro mente, vige una specie di editto che tutti gli altri dovrebbero rispettare senza sentirsi a disagio. Se tu sei turbata, a lui da fastidio, sei un impiccio, sei una noia.

5) Il narcisista non ha empatia

Spesso, il narcisista viene presentato come soggetto non in grado di provare empatia o capire il dolore e le emozioni degli altri. In alcuni momenti questa persona sembrerà totalmente ragionevole e normale, salvo poi, immediatamente dopo, dire qualcosa di incredibilmente insensibile, senza avere alcuna idea che tale comportamento possa ferire gli altri.

Non riesce ad essere in sintonia con le emozioni. Le proprie, che spesso non riconosce, e quelle degli altri verso le quali non ha alcun rispetto.

6) Il narcisista è invidioso

Molti narcisisti paragonano loro stessi e la propria vita a quella di altre persone. E spesso, come detto, non sceglieranno compagni, amici e conoscenze secondo il corso naturale delle cose. Sceglieranno solo persone di un certo status, incline al loro, oppure famose in determinati contesti. Questo è incredibilmente paradossale per un narcisista. Il fatto di circondarsi, infatti, di questo tipo di persone, li porterà a nutrire un'invidia enorme. Quando invece raggiungeranno essi stessi il successo, saranno ansiosi di mostrarlo a tutti e crederanno che siano gli altri ad esser gelosi o invidiosi di loro. Che creature meravigliose che sono...

7) Il narcisista è arrogante

Pensa a quando un giorno eri ad un appuntamento con lui, magari ad un pranzo o ad una cena ricordi? Dai, ti sarà sicuramente capitato! Eravate in un bellissimo ristorante ed avete scelto il miglior vino dalla lista, lui era affascinante e dolce e ti sembrava tutto perfetto. Poi, all'improvviso, lui chiama il cameriere e comincia a trattarlo in modo molto scortese, quasi umiliandolo. Questo è un segnale molto frequente, viene raccontato spesso da chi ha relazioni con questi personaggi. Se tale segnale non è isolato, se quindi lo si può associare ad altri spesso frequenti che stiamo menzionando, allora ci sono buone probabilità che hai a che fare con un narcisista.

Il narcisista può comportarsi in questo modo anche fuori da un ristorante. In un negozio, al bar, al cinema durante la fila per fare il biglietto. Si comporterà come uno snob arrogante, disprezzando nei modi chi reputa inferiore (cameriere, cassiere, barista, ecc.) e guardandolo dall'alto in basso. Fai attenzione a questi segnali quindi, se inizi a notarli in qualcuno che conosci, allora è abbastanza probabile che questo qualcuno sia un narcisista.

8) I narcisisti hanno fantasie di successo ed occupano il loro tempo a cercare il partner perfetto.

È abbastanza comune per un narcisista passare tanto tempo a pensare di ottenere rispetto dagli altri, di guadagnare potere durante la loro vita ed avere successo. Sarà difatti felice se potrà vantarsi di questi 3 aspetti vivendoli come simboli di potenza. Questa caratteristica è un qualcosa che ricopre un ruolo significativo in molti aspetti della loro vita, incluso il modo in cui scelgono la persona con cui vogliono avere una relazione romantica.

Sono state fatte molte ricerche su questo argomento che ci aiutano a capire come i narcisisti attribuiscano la massima importanza a cose come la fisicità del partner e lo status sociale piuttosto che guardare altri tratti del carattere e della personalità di una persona come ad esempio il fatto di esser premuroso, gentile, sensibile, onesto, ecc. Il narcisista non si preoccuperà di queste parti caratteriali. La ragione di questo va individuata nel fatto che lui vive un partner che ha un bell'aspetto come un'estensione della sua immagine che può aiutarlo ad elevarsi al di sopra degli altri e a star meglio (apparentemente) con sé stesso.

9) Il narcisista vuole sempre ottenere un vantaggio dalla relazione con l'altro

Quando mancanza di empatia e senso di superiorità si integrano perfettamente in una personalità di tipo narcisistico, scopriamo che è abbastanza facile per lui trarre vantaggio da coloro che li circondano. Trarre vantaggio senza mai soffrirne o avere un minimo senso di colpa. Lo faranno con chiunque e tutte le volte che vorranno se ciò sarà in grado di fornire al narcisista un qualche tipo di vantaggio.

Dal momento che il narcisista crede di avere il diritto di ottenere ciò che vuole e di comportarsi nel modo che desidera, non si preoccupa assolutamente dell'altro, né di come l'altro può sentirsi. Lui andrà avanti a cercare di trarre vantaggio da chiunque pensi esser in grado di dargliene.

Questo, è uno degli aspetti per cui è difficile lavorare per qualcuno che soffre di un disturbo narcisistico della personalità.

Se quindi, ad esempio, il tuo capo è un narcisista, farà di tutto per trarre vantaggio personale dal tuo lavoro. Tu magari suderai e non dormirai la notte e lui si prenderà tutto il merito non restituendoti nemmeno quel poco di considerazione che meriteresti.

Al di fuori del posto di lavoro la situazione non cambia.

Sarà un tipo di amicizia o relazione in cui lui non avrà paura di farti arrabbiare o di manipolarti.

Se è un amico, allora è quel tipo di amico che è sempre troppo impegnato per uscire con te fin quando non gli serve qualcosa.

Farà così per tutto il tempo, continuando comunque a tornare indietro per cercare di approfittarsi di te quando e se ne sentirà di nuovo il bisogno.

Possiamo concludere questo primo capitolo dicendo che esistono molti tratti relativi al disturbo narcisistico della personalità. Se qualcuno che conosci mostra uno o due di questi tratti in qualche rara occasione, di solito, non è un grosso problema. Ma quando la persona mostra più tratti di questo tipo e su base regolare, allora possiamo essere abbastanza sicuri del fatto che questa persona sia effettivamente una narcisista. Una persona, quindi, che si preoccuperà più di quali benefici potrà ottenere dalla relazione anziché badare al prossimo, privilegiando la scarsa considerazione allo scambio reciproco.

Con un narcisista tu non esisti. Esiste solo lui...ed i vantaggi, in termini di ogni tipo, che può ottenere da te.

Capitolo 2 – (NSS) La scala dello spettro del narcisismo

Non è raro imbattersi in persone con tratti di personalità narcisistica. Il narcisismo è, anzi, un tratto abbastanza comune nelle persone. Quello che però interessa, è il grado di intensità con il quale esso si manifesta. Ti stupirai nel leggere queste poche righe ma devi considerare che ognuno di noi ha tratti narcisistici.

Il concetto di spettro è un concetto che deriva dalla fisica e, riferito al narcisismo, indica l'intensità della condizione narcisistica in un individuo. Da questo spettro emerge che i narcisisti tendono a condividere tratti quali il senso di importanza personale, un ego ipertrofico, la manipolazione, ecc. Tuttavia, la quantità di vulnerabilità in una persona e il suo senso di grandiosità tenderanno a variare. Gli psicologi usano spesso questa scala dello spettro del narcisismo per identificare il livello di narcisismo in una persona e per diagnosticare un disturbo narcisistico della personalità.

La scala dello spettro del narcisismo va da 0 a 10. Più basso è il numero, minore sarà il grado di pervasività del disturbo. Viceversa, più alto è il numero, maggiore sarà il disturbo narcisistico della personalità. Quelli nel mezzo tendono ad avere quella quantità equilibrata di narcisismo che viene definito narcisismo sano. Sono persone normali, con i loro pregi ed i loro difetti e con tratti equilibrati.

Oltre un certo grado, quindi, gli individui hanno tratti più pervasivi. Hanno un senso di arroganza molto evidente che tendono a confondere con una sana autostima, sono più aggressivi che assertivi, sono egocentrici e possono trasformarsi anche in persone violente. I tratti comportamentali sono distruttivi e i processi di pensiero malsani.

Di conseguenza, come recita un famoso detto, in medio stat virtus (la virtù sta nel mezzo). Non va bene, quindi, né avere un grado troppo alto di narcisismo né averne uno troppo basso, il giusto dello spettro è nella sua metà.

Diamo adesso un'occhiata ai diversi numeri della scala e a cosa significano:

Livello zero

È un indicatore molto importante. Una persona con livello zero tende ad essere troppo altruista e può essere facilmente manipolata dagli altri; si prende cura degli altri in modo eccessivo, pensa più ai loro bisogni che ai suoi ed è troppo disponibile.

Queste persone sono fondamentalmente molto buone ed umili. Tuttavia, mancano di autostima e di amore per sé stessi.

Livello 1

Grado leggermente migliore rispetto al precedente, le persone che rientrano in questo livello hanno un po' più di attenzione ai loro bisogni personali. Non hanno però fiducia negli altri e tendono ad evitare l'interazione sociale. Vengono sopraffatte abbastanza facilmente e sono molto timide, altrettanto umili ed hanno un'autostima leggermente più alta rispetto alle persone appartenenti al livello zero.

Livelli 2 e 3

Le persone appartenenti a questi livelli sono più socievoli. Hanno sogni e obiettivi e sono più a loro agio nelle situazioni sociali rispetto a quelle dei livelli zero e 1. Tuttavia, a queste persone non piace essere al centro dell'attenzione troppo spesso. Possono uscire dalla loro zona di comfort a volte ma di solito sono molto trattenuti.

Livelli 4, 5 e 6

Chi rientra in questi livelli appartiene a quella tipologia di persone che rientrano nell'elenco dei narcisisti sani. Sono persone umili ma che hanno anche una buona dose di fiducia in sé stesse. A loro piace ricevere attenzione dagli altri e sentirsi apprezzati quando è dovuto. Sanno quando meritarsi queste cose e sanno riconoscere anche quando concedere attenzioni agli altri. Non hanno quel malsano bisogno di essere sempre al centro di tutto né cadono così in basso nella scala fino al punto di arrivare ad evitare situazioni sociali. Hanno una quantità equilibrata di autostima e disponibilità.

Livelli 7 e 8

Le persone che rientrano nei livelli 7 e 8 hanno quel grado di narcisismo che deve cominciare ad esser considerato patologico anche se non lo è ancora completamente. A queste persone piace mostrare e vantarsi dei loro beni materiali e delle loro conquiste. Tuttavia, sono anche disposti a riconoscere quando hanno torto, cercano di fare uno sforzo per migliorare ma, purtroppo, hanno la tendenza ad andare avanti e indietro tra il comportamento sano e quello disfunzionale. Gli piace molto l'attenzione e non hanno una personalità completamente stabile.

Livello 9

Il livello 9 indica persone affamate di attenzione e che prosperano nell'elogio e nella manipolazione. Cercano sempre di essere al centro di tutto, in ogni contesto sia esso politico, lavorativo, relazione e virtuale (social media). Hanno però ancora una flebile consapevolezza relativamente al loro irrealistico bisogno di attenzioni e lodi, sanno di esser colpevoli di determinate situazioni ma cercano sempre di nascondere questa colpa. Non riescono ad aiutare sé stessi, lo rifiutano e colpevolizzano continuamente il prossimo.

Livello 10

È il limite estremo dello spettro. Quel livello che include le persone che sono estremamente egoiste e arroganti. Tali individui hanno una grandiosa idea di sé stessi e sono quelli che vengono classificati attraverso l'acronimo NPD (Disturbo narcisistico della personalità). Sono noti per essere disposti a fare qualsiasi cosa per ottenere ciò che vogliono, a calpestare tutto e tutti in totale assenza di empatia. Mentono, imbrogliano, rubano, manipolano, ecc. Disposti a tutto per attirare l'attenzione, amano mostrare superiorità e far sentire gli altri inferiori.

Il livello 10 identifica il narcisismo patologico ed è generalmente quel livello in cui si trovano i narcisisti maligni perversi, che possono avere anche tratti antisociali ed estremamente violenti, e gli psicopatici nei quali il deficit empatico è totale.

Il narcisista, fondamentalmente, è un abile manipolatore. La manipolazione emotiva, nel narcisismo in particolare, viene considerata come una specie di bandiera rossa ed è sicuramente il principale segnale distintivo dell'abuso narcisistico.

Il narcisista usa un certo tipo di linguaggio per scaricare la colpa sul proprio partner o su qualcun altro con l'effetto di fargli mettere in discussione i suoi sentimenti o la realtà e per creare nel prossimo quella insopportabile sensazione di essere il colpevole.

In un certo senso, possiamo quindi sostenere che l'abuso narcisistico è un mezzo di controllo del pensiero altrui che si manifesta attraverso un linguaggio particolare che, con determinate modalità, favorisce il senso di colpa, il rimpianto, la paranoia, il dubbio di sé e altri stati mentali/emotivi; una forma di manipolazione mentale ed emotiva che induce la vittima dell'abuso a mettere in discussione i propri sentimenti, i propri pensieri e l'autonomia personale, finalizzata all'ottenimento di un vantaggio nelle intenzioni del narcisista.

Vediamo ora attentamente cosa succede quando sei vittima di un abuso narcisistico:

- Metti spesso in dubbio il tuo equilibrio mentale.

- Cominci a diffidare delle persone di supporto nella tua vita come la tua famiglia e i tuoi amici.

- Sei convinto che solo il narcisista possa prendersi cura di te e amarti mentre tutti gli altri ti hanno abbandonata.

- Ti senti spesso inutile.

- Tendi a dubitare della tua capacità di prendere decisioni giuste o di pensare in modo chiaro ed efficace.

- Sei totalmente disconnessa dai tuoi desideri e dai bisogni personali.

- Concedi al narcisista tutto ciò che vuole a fronte di un prezzo troppo alto in termini di sacrificio emotivo.

- Cerchi di fare tutto il possibile per ottenere il suo consenso e le tue convinzioni vengono sempre meno. Questo è il prodotto del controllo che lui ha sui tuoi pensieri.

- Pensi ossessivamente di aver sbagliato, ti attribuisci difetti o errori che credi di aver commesso.

- Ti senti regolarmente svalutata relativamente al tuo contributo che dai alla relazione.

- Vivi costantemente in uno stato di negazione a seguito del comportamento del narcisista.

- Lo idealizzi continuamente perché lui ti ha "addestrato" mentalmente a farlo.

- Pensi ossessivamente a come renderlo felice.

Ovviamente, questi stati mentali non si verificano per tutto il tempo della relazione ma sono sicuramente sintomi cui dover prestare attenzione perché significano che la manipolazione mentale ed emotiva del narcisista è in atto.

Generalmente, il processo è molto sottile e richiede tempo prima che tu possa esser in grado di riconoscere di esser abusata e manipolata emotivamente.

Facciamo ora un esempio pratico di come potrebbe essere nella vita di tutti i giorni. Spesso, una vittima di abuso narcisistico si presenta in terapia in un completo stato di disagio e insicurezza, di angoscia emotiva e disconnessione totale dai suoi veri sentimenti. È qui perché il partner l'ha portata a pensare di avere seri problemi e ha quindi bisogno di aiuto per cercare di riprendersi un ruolo normale nella società. Potrebbe presentarsi in uno stato di totale ossessione per i suoi difetti e i suoi fallimenti e cominciare a parlare delle sue inadeguatezze con la disperata richiesta di voler rimediare ai problemi creati e correggere i difetti che il partner le ha detto di avere.

Oppure potrebbe venir fuori che lei non ha soddisfatto adeguatamente le esigenze del suo partner non riuscendo a realizzare le sue aspettative, incolpandosi di non essere abbastanza presente per lui; se con figli, invece, di essere eccessivamente attenta ai bambini senza considerarlo, oppure di non avere abbastanza tempo per fare del sesso giocoso.

La vittima è costantemente preoccupata di voler capire perché non è stata in grado di compiacere il suo partner. È preoccupata del perché lui continua ad accusarla di non voler capire e si sente una fallita non all'altezza delle sue aspettative.

Non ha assolutamente idea del fatto che lui le stia facendo gaslighting (vedremo più avanti di cosa si tratta) e stia creando una realtà erronea in cui lei deve dubitare di sé stessa per continuare a sopravvivere. Potrebbe anzi esser addirittura lei a chiedergli se è felice o meno. In sostanza: lei è distrutta e si preoccupa per lui! Ed a questo punto, lui, sentendosi minacciato nella sua integrità, le rinfaccia di sentirsi preso in giro, convincendola di non aver nessun problema e magari chiudendosi nel silenzio.

Durante la sessione di terapia, la vittima potrebbe anche cominciare ad esternare sentimenti di odio e di condanna verso sé stessa. Potrebbe auto-colpevolizzarsi e dipingersi come una persona senza valore, che non è mai stata una buona compagna e di non esser stata in grado di capire come avrebbe potuto renderlo felice.

Potrebbe arrivare addirittura a difenderlo e ad escluderlo da qualsiasi colpa (altro segnale del potere e del controllo del narcisista sulla sua mente).

Durante la seduta potrebbero emergere alcune delle seguenti frasi:

- Noi andiamo d'accordo e lui mi piace molto. Ci facciamo tante risate, però...

- Forse sono tante piccole rotture ma nessun grosso problema...

- So che è tutta colpa mia e sono solo io che devo cambiare.

- Mi puoi aiutare a metter a posto tutto in modo che io possa essere un partner migliore?

- Mi aiuti a capire come posso smettere di sconvolgerlo continuamente?

- Non voglio perderlo, quindi devo capire come posso migliorare.

- So che è tutta colpa mia, potrà ricominciare ad amarmi?

- Ricomincerò finalmente a stare meglio?

Questo tipo di affermazioni, si ripetono spesso durante le sedute di terapia e sono cicli ripetitivi e schemi di pensiero che rappresentano la punta dell'iceberg e chiarificano quanto ormai l'abuso mentale ed emotivo sia perfettamente integrato.

Sono il prodotto di un lungo percorso di manipolazione mentale ed emotiva che può distorcere completamente la mente e farti credere di essere in colpa a causa invece del disturbo di personalità di qualcun altro.

Vediamo altri esempi di come questi tipi di tattiche manipolative e di abuso narcisistico possono manifestarsi nella vittima:

- La parola "fallimento" viene spesso usata per descrivere la sua incapacità di supportare il partner narcisista (es. non riesco a farlo sentire amato e al sicuro).

- Non è in grado di **capire** che deve preoccuparsi di sé stessa e migliorarsi in modo che possa smettere di credere di ferirlo o turbarlo.

- Si sente impotente relativamente ad ogni azione di ribellione. Come, ad esempio, il farsi rispettare dopo esser stata trattata male, chiedergli spiegazioni sul perché urla e arrabbiarsi a sua volta.

- Non le è permesso di biasimarlo per nessuno dei suoi problemi.

- È confusa sul perché lui si arrabbi o si senta oppresso da cose minori che non dovrebbero avere alcuna importanza.

- Se prova invece a ribellarsi ad una richiesta del partner narcisista o cerca di stabilire dei confini, viene chiamata **pazza** e le viene consigliato di rivolgersi all'aiuto di un professionista che magari dovrebbe anche prescriverle farmaci.

- Potrebbe accusarsi di essere lei la causa e il motivo delle discussioni nella relazione e vuole imparare a migliorarsi per salvare il rapporto.

In sostanza, la vittima crede a tutto ciò che il narcisista le rimprovera. È colpa sua se le cose sono come sono nella relazione e dovrebbe essere lei a cambiare per migliorarla.

Possiamo quindi definire l'abuso emotivo come quella modalità in cui un narcisista mantiene il proprio partner in quel particolare stato d'animo che gli consentirà di continuare ad agire come sempre ed a proseguire con quelle azioni e quegli atteggiamenti che indicano un totale menefreghismo nei confronti degli altri e della vita, senza invece impegnarsi, seriamente e non in modo disfunzionale, con una persona in una relazione a lungo termine. Non è sempre aggressivo, minaccioso o collerico, ma di base manipola e induce, allo scopo di convincere sottilmente e strategicamente la vittima che lei è inutile e incapace di tutto, mettendola in una posizione ed in uno stato mentale di inferiorità.

In alcuni casi gravi di abuso narcisistico, possono manifestarsi sintomi di PTSD (Post Traumatic Stress Disorder) o disturbo post traumatico da stress. Alcuni di questi sintomi possono includere:

- Pensieri improvvisi e brutti che sono generati dalla manipolazione.

- Ricordi di momenti particolarmente traumatici e offensivi.

- Ricordi di esperienze passate, sogni ed incubi ad essi relativi.

- Pensieri svalutanti e negativi su sé stessi o sul mondo.

- Depressione

- Irritabilità

- Diventare iper-vigili

- Avere compulsioni ossessive.

- Concentrarsi su tutto come se fosse una sfida continua.

- Insonnia.

- Distacco o senso di isolamento da altre persone facenti parte della tua vita.

Lo schema, in genere, inizia con una storia d'amore violenta e vorticosa. Tutto sembra incredibile, appare come l'inizio di un sogno. Ti senti sopra le nuvole, gli occhi sembrano quelli di un cucciolo di cerbiatto e LUI non mostra alcun segno della sua natura manipolatrice. All'inizio, ti sembra di esser partita per un meraviglioso viaggio d'amore.

C'è una ragione importante in tutto questo: il narcisista non vuole che tu sappia che in un secondo momento ti tratterà in modo totalmente diverso, molto probabilmente, anzi, sicuramente, non ne è nemmeno consapevole.

Non hai ancora raggiunto quello stadio della relazione in cui ti senti come se stessi soddisfacendo, senza per altro riuscirci mai, i bisogni del Dio dell'amore (il narcisista).

All'inizio, di solito, non ci sono segnali che indicano l'arrivo di un imminente abuso emotivo. Potrebbero volerci settimane, anche mesi o addirittura un anno prima di iniziare a notare che tu, per lui, non sei MAI abbastanza e che il tuo vecchio sé o almeno il sé che eri quando ti sei innamorata di lui, si sta miseramente sgretolando.

I tuoi amici potrebbero persino iniziare a notare che sei cambiata e ti comporti come se non fossi più te stessa. Ma tu, alle loro obiezioni, li convincerai di quello che il 'tuo narcisista' (ma tuo de che?) ti ha inculcato nella testolina!! Ossia, che siete fantastici l'uno per l'altro perché bravi a lottare per poi rifare pace. Che siete così innamorati e che tu non riesci a vedere la tua vita senza di lui. Eh, cosa volete... a lui piacciono le cose vissute in un certo modo. E tu non puoi certo biasimarlo.

Man mano che l'abuso emotivo si manifesta, cresce il tuo senso di colpa verso la relazione. Finisci per credere a tutto ciò che il narcisista ti dice, pensi che tutto quello che LUI ti rimprovera sia vero e cerchi di convincere gli altri che sei felice e che stai costruendo un qualcosa di meraviglioso.

Ormai sei addestrata a pensare come vuole lui, sei pronta a difendere la relazione dalle insidie del mondo esterno e sei convinta che tutto quello che il narcisista dice su di te sia l'assoluta verità. Magari il tuo intimo più profondo fa suonare qualche campanello di allarme ma tu lo ignori. Anzi, ti arrabbi perché stai dubitando di te stessa.

L'abuso emotivo funziona proprio così. Si insinua inaspettatamente attraverso subdole tecniche comunicative e furtive allusioni; si presenta in pubblico e ti mette in imbarazzo, ti fa provare vergogna di fronte agli altri mentre LUI gongola e ghigna sentendosi superiore. Soffoca ogni tua fiducia e distrugge la tua conoscenza interiore; trasforma la tua autostima in insicurezza, ti rende incapace di riflettere sulle situazioni e ti annienta emotivamente.

A questo punto, il narcisista ha il totale controllo su di te, è in grado di controllare la tua mente, la tua volontà e le tue convinzioni personali. Ti insegna a vedere il mondo a modo suo. Questo è l'abuso emotivo.

Vuoi altri esempi di come può apparire l'abuso narcisistico? Eccoli:

- Abuserà verbalmente di te.
- Se c'è qualcosa che sai fare bene ti porterà all'auto-sabotaggio.
- Si rifiuterà di assisterti od aiutarti quando ne avrai bisogno e lo farà con l'intento di punirti.
- Raggiungerà livelli tossici di proiezione facendo ricadere su di te la colpa di sentimenti negativi od emozioni non desiderate.
- Adotterà la triangolazione intesa come rifiuto di parlare direttamente con te preferendo farlo con un'altra persona per farti arrivare un determinato messaggio.

- Ti provocherà volutamente per suscitare una tua reazione.

Ancora, per andare più nello specifico e cercar di capire quando si è sotto l'effetto dell'abuso del narcisista dobbiamo fare attenzione ad ulteriori e determinati sintomi quali

Dissociazione

La dissociazione nel bel mezzo di una relazione abusante è quel fenomeno attraverso il quale ci si disconnette o ci si separa da qualcosa a causa della dissonanza cognitiva (vedremo per bene in altra sede cos'è la dissonanza cognitiva).

In una situazione emotivamente offensiva, potrebbe essere necessario staccarsi completamente, fisicamente ed emotivamente dalla situazione o dall'ambiente circostante. È una forma momentanea di autodifesa. Questo tipo di distacco, infatti, può influenzare il senso di identità e il senso di sé, può influenzare la percezione della realtà, la memoria e la coscienza. Ci si addormenta apparentemente, dissociandosi così dal trauma dell'abuso, la mente si intorpidisce per sopravvivere e le vostre azioni potrebbero apparire quasi come una forma di attività incontrollata, meccanica, mossa da inerzia e rivolta a situazioni di dipendenza (fumo od alcol ad esempio) o ad attività tipo guardare la televisione, pulire casa, ecc.

In questo modo ci si può allontanare da quel particolare momento che si vive; è un modo in cui la vostra mente può efficacemente bloccare tutto ciò che potrebbe essere emotivamente dannoso o doloroso in modo da non andare a mettere in pericolo l'identità della relazione.

La dissociazione è un sintomo molto comune in una situazione di abuso. Il fatto di abbandonarsi per sopravvivere e mantenere integro il rapporto permette paradossalmente di proseguire in una relazione disfunzionale. È una pausa. Ma una pausa assolutamente distruttiva! Perché poco dopo, tutto torna come prima.

Sensazione di camminare sempre sulle uova

In una situazione traumatica, sia che vi rendiate consciamente conto che è traumatica o meno, l'obiettivo è sempre quello di evitare di rivivere o ricreare la situazione che riconduca al trauma. L'abuso narcisistico causa sicuramente un trauma nella persona, sia quando lei ne è consapevole, sia quando non lo è. Capita spesso, quindi, che in situazioni di abuso narcisistico, la vittima non agisca veramente per come si sente. È come se avesse paura di colpire il nido di un calabrone o di svegliare l'orso addormentato. In inglese si definisce 'walking on the eggshells'. Ciò significa che si sta attenti ad ogni azione per evitare di far arrabbiare il narcisista e per evitare di peggiorare la situazione.

In generale, però, questo voler reprimere le proprie emozioni non è la soluzione al problema. Lui troverà comunque motivi per farvi sentire peggio. Ed essendo questo un comportamento passivo e ripetuto nel tempo, verrà inevitabilmente radicato nel vostro inconscio con il risultato che esso si estenderà anche alle relazioni e alle attività al di fuori della relazione con il narcisista. Avrete quindi difficoltà a godere e ad apprezzare pienamente il mondo intorno a voi perché sarete sempre cauti ed attenti a non disturbare nulla o nessuno.

Ignorare e sacrificare i bisogni per il bene del narcisista

Indipendentemente da quanto possiate pensare, in una relazione con un partner narcisista non avrete mai cura di voi stesse/i, non metterete mai al primo posto i vostri bisogni e le vostre esigenze. Quando sarete nel bel mezzo di una relazione abusante, tutto quello che farete, sarà assicurarvi che il vostro partner sia felice! Diventerà quasi un lavoro a tempo pieno. All'inizio della vostra relazione, nella fase di love bombing, potreste aver percepito il contrario ma una volta che il legame diverrà più forte e voi sarete profondamente coinvolte/i, diventerete una specie di custode che si dedicherà a compiacere il partner narcisista per tutto il tempo. Donerete voi stessi e la vostra energia per assicurarvi che tutti i loro bisogni siano soddisfatti, sacrificando spesso, quasi sempre, i vostri.

Questa 'fusione emotiva', nel tempo potrebbe portare a dolore fisico, rabbia, rancore, depressione oppure a problemi minori ma che potrebbero andare ugualmente ad incidere sul vostro stato di salute, mettendola seriamente a rischio.

Il narcisista, comunque, non sarà mai pienamente soddisfatto. Non importa quanto vi dedicherete ai loro bisogni. Gli darete tutto, sempre... e perderete tragicamente voi stesse/i.

Problemi di salute e problemi psicologici

Come visto quindi nella descrizione qui sopra, sacrificare sé stessi per compiacere in tutto e per tutto il partner narcisista, porterà a problemi più gravi nel corso del tempo.

Venir meno all'obbligo morale di curare sé stessi per compiacere un'altra persona vi porterà in un'agonia senza fondo che inizierà a manifestarsi in modo fisico, mentale/ emotivo od in entrambi i modi. La vostra salute fisica potrà deteriorarsi perdendo l'equilibrio originario e potrebbero cominciare ad insorgere malattie più frequentemente, anche in forma cronica nonostante si chieda spesso l'aiuto di un medico. Questo però, di solito e per fortuna, può essere un ottimo indicatore del fatto che la vostra malattia è legata ad un qualcosa di psicologico e non di fisico.

I problemi psicologici, generalmente, prevalgono in stati di abuso. Possono includere depressione, insonnia, ansia, paranoia, disturbi ossessivi, stanchezza mentale ed emotiva, ecc. Potreste chiedervi da dove vengono fuori questi problemi visto che in passato non ne avete mai avuti. Bene, ora lo sapete! Sono il prodotto di una forma di abuso più o meno violenta.

Naturalmente, tanto per cambiare, l'ultima persona che accuserete sarà il *vostro narcisista*. Ed è proprio questo il momento in cui i cicli e gli schemi di abuso vengono bloccati e riprendono in continuazione.

Dovreste invece chiedervi onestamente perché state soffrendo di questo tipo di problemi fisici, mentali ed emotivi, perché l'abuso narcisistico potrebbe esserne probabilmente il vero colpevole. E sarebbe ora di darci un bel taglio.

Mancanza di fiducia costante

Il Gaslighting, verrà ben spiegato in un capitolo a parte, è una tattica molto comune del soggetto abusante. Viene definito come il peggior strumento manipolativo di questi soggetti. È una forma di manipolazione psicologica che tende a farvi mettere in discussione la vostra sanità mentale.

Quando si verifica ripetutamente, può portare a fidarsi difficilmente di chiunque. Poiché siete stati educati lentamente e costantemente a mettere in discussione le vostre azioni e di conseguenza la vostra salute mentale, diventerà più difficile per voi fidarvi di chiunque altro e di quello che gli altri vi dicono.

Non è facile. Perderete anche la capacità di fidarvi di voi stessi, credendo che i vostri pensieri e le vostre esperienze siano falsi e poco validi.

Pensieri autolesionistici

Il trauma da abuso narcisistico, se siete consapevoli che sia in corso o meno, come già detto, può causare un ciclo infinito di depressione, ansia e disperazione.

Questi disturbi e questi stati d'animo possono iniziare a diventare insopportabili nel corso del tempo perché vi sembrerà come se non ci fosse alcuna speranza di uscire dal vostro dolore. Potreste essere addirittura convinte/i dal narcisista, attraverso mezzi sottili subdoli e sovversivi, che siete impotenti e che pur provandoci non riuscirete mai a salvarvi.

Questi tipi di pensieri potrebbero creare il bisogno di fuggire, di modificare la situazione attraverso l'autolesionismo o addirittura di pensare al suicidio come unica via di fuga.

Isolamento

A volte, il partner narcisista creerà una situazione paradossale che vi isolerà entrambi, facendo così in modo di non essere disturbato, o sconvolto come ama spesso dire lui, senza dovervi alcuna spiegazione. E voi, nel mentre, sarete lì nel vostro piccolo mondo a disperarvi ed a struggervi facendovi duemila domande senza mai poter avere alcuna risposta.

In altri casi, invece, sarete voi ad isolarvi volontariamente. Spesso a causa di quella vergogna tossica (avremo modo di vedere di cosa si tratta in altra sede) relativa ai vostri sentimenti ed alla vostra situazione attuale.

Non sentendovi, difatti, in grado di fuggire e capire le condizioni della relazione, vi potrà sembrare più facile isolarvi invece che cercare l'aiuto di esperti e trovare quindi soluzioni.

Isolandovi, vi sentirete più al sicuro, soprattutto dopo esser state manipolate fino al punto di credere di non stare mentalmente bene.

Fidatevi invece del vostro istinto, quello non sbaglia mai.

Paura di avere successo e di fare ciò che si desidera

Spesso, i narcisisti tendono ad essere invidiosi degli altri, compresi i loro partner. Se ad esempio realizzerai qualcosa di importante nella tua vita, allora il partner narcisista potrebbe sentire l'impulso di punirti.

Il narcisista è molto abile nel condizionare mentalmente il partner o la vittima, facendolo sentire non meritevole relativamente al successo. Anzi, il partner finirà per considerare la situazione come un problema piuttosto che come un qualcosa di cui essere orgogliosi.

Ciò porterà, anche in questo caso, a depressione, ansia, mancanza di autostima, mancanza di fiducia in sé stessi oltre ad una varietà di altri sintomi. Durante l'abuso, sarà addirittura quasi impossibile realizzarsi e fare ciò che si desidera.

Proteggere il narcisista

Una volta che la relazione sarà ormai nel pieno, sarà quindi definitivamente integrata, ci si troverà ormai in quel confortevole (?) legame traumatico tra soggetto abusante e vittima. Ci si sentirà costretti a razionalizzare l'esperienza della collaborazione ed a minimizzare eventuali problemi negando tutto ciò che potrà esser causa di preoccupazione per il rapporto.

Di solito, l'aspetto più comune in questa circostanza, sarà quello di affermare che qualsiasi cosa succede a danno della relazione stessa è colpa tua e tu avresti dovuto saperlo.

È inoltre molto facile per il soggetto che abusa rivendicare il vostro amore in momenti di riconciliazione al fine di evitare che tu possa abbandonarlo (questo è un tratto molto comune anche nel disturbo borderline di personalità, anzi è un tratto tipicamente borderline). Il ciclo dell'abuso si fonda proprio su questo aspetto ed è un'eccellente manifestazione del potere di controllo del narcisista nei tuoi confronti.

Concludendo, possiamo dire che tutte queste situazioni potrebbero cadere in uno spettro di gravità più o meno ampio e che dipende dallo stato e dall'intensità della relazione nonché dal grado di narcisismo del vostro partner.

Non tutte le relazioni narcisistiche avranno una forma così intensa o così grave di abuso mentale ed emotivo, questo va precisato per evitare di generalizzare.

In queste situazioni, tra un soggetto abusante e la propria vittima, generalmente nasce un intenso legame traumatico conosciuto come trauma bonding che si rivela come il prodotto dell'addestramento del narcisista manipolatore sulla vittima che sceglie di rimanere all'interno della relazione come tattica di sopravvivenza.

In un legame di questo tipo, la vittima condividerà con l'abusante colpe e responsabilità.

Purtroppo, quando ci si trova nel bel mezzo di un abuso, è piuttosto difficile capire cosa esattamente stia succedendo e che si è vittime di un manipolatore.

Il narcisista perverso è molto abile nel rigirare una certa situazione a suo vantaggio, a modificare la percezione degli eventi e della realtà se come obiettivo c'è il soddisfacimento e la realizzazione dei propri bisogni.

Come detto, potrà trattenerti dentro i confini dell'abuso alternando violenza psicologica ad azioni di love-bombing e dolcezza, per convincerti di non essere una persona cattiva. Se messo alle strette, potrebbe anche provare a convincerti, e il più delle volte ci riesce pure, che sei tu quella che lo abusa.

Però, se state leggendo questo capitolo e avete la sensazione di essere vittima di un abuso da parte del vostro partner, è il momento di iniziare a pensare a come affrontare il problema, magari con l'aiuto di un professionista che, fate attenzione, deve necessariamente esser esperto e competente relativamente al disturbo narcisistico della personalità.

Tenete presente che non riuscirete mai a cambiare un narcisista. Sta quindi a voi decidere se siete davvero disposte/i a rimanere in una relazione tossica mettendo in serio rischio la vostra salute ed il vostro futuro.

Ti stai biasimando?

Il tuo partner non si assume alcuna responsabilità relativamente alle proprie azioni?

Cosa dovresti fare adesso?

Se sei in un rapporto che sperimenta abusi di ogni tipo, non avere paura; non sei sola, cerca di capire che non importa come ti senti, quello è un tuo stato d'animo ed è comprensibilissimo, non biasimarti. Non sei sola! Tantissime persone vivono situazioni di questo tipo e possono capire che cosa stai passando o cosa hai passato.

Prima di cercare aiuto, dovresti cominciare a riconoscere il problema.

Il primo passo, quindi, è quello di acquisire consapevolezza della situazione e della realtà in cui ti trovi e riconoscere i sentimenti e le esperienze che stai vivendo.

Il soggetto abusante, rendendosi conto del cambiamento in itinere (hanno il fiuto di un segugio), potrà provare a manipolare più aspramente i tuoi pensieri e le tue idee, a farti gaslighting anche in modo più feroce ma tu dovrai sforzarti di riconoscere il problema comunque se desideri uscire da questi continui cicli di violenza psicologica e cominciare a guarire le tue ferite.

Se non sei ancora pronta ad affrontare il narcisista ed a parlargli di ciò che senti (sappi che non è e non sarà mai in grado di ascoltare, potrebbe semmai servire a te come funzione liberatoria una volta acquisita la giusta sicurezza) e di cosa sta accadendo nel vostro rapporto, inizia a scrivere. Procurati un diario, un quaderno, un qualcosa che tenga traccia dei sentimenti che provi e delle esperienze che stai vivendo e comincia a confrontare tutto con le informazioni ed i contenuti che stai apprendendo dalla lettura di questo libro.

Poi, se puoi, rivolgiti ad un buon terapista, come detto preferibilmente specializzato nel trattamento delle co-dipendenze derivanti da rapporti con soggetti che soffrono del disturbo narcisistico della personalità e condividi con lui il tuo disagio.

Comincia anche ad aprirti con i membri della tua famiglia e mettili al corrente della tua relazione. Parla con amici e persone a te care che potranno aiutarti a far luce sulla tua relazione, vivendola da una diversa prospettiva e senza coinvolgimento emotivo.

Continua con il tuo diario, inizia, assieme al terapista, ad elaborare i tuoi sentimenti e ad identificare i sistemi ed i cicli di abuso del tuo partner.

Ti avverto, potrebbe essere molto difficile abbandonare questo tipo di relazione, soprattutto se il legame derivante dal trauma (trauma bonding) è molto forte.

Esistono molte ragioni per le quali tante persone non vogliono o non riescono a lasciare un partner narcisista, anche quando i cicli di abuso sono frequenti e la sofferenza è grande. Tuttavia, la parte importante di tutto ed il motivo per cui stai leggendo questo libro è imparare a riconoscere determinati segnali, a comprenderli, ad aiutare te stessa a riprendere in mano la tua vita, soprattutto se sei vittima di abusi ed hai una relazione con un soggetto narcisista.

Ciò che stai leggendo e che continuerai a leggere, non ha la pretesa di risolvere la tua situazione. L'intento è quello di fornire alle persone che lo desiderano informazioni di carattere divulgativo fondate sulla conoscenza del fenomeno e provare a darle attraverso un linguaggio semplice e che sia alla portata di tutti. Ma, ribadisco, il fine del libro, come degli altri miei libri, è solo quello di sensibilizzare al problema, di aiutare nella consapevolezza per poi ricorrere all'aiuto di professionisti esperti in grado di fornire l'aiuto necessario.

Adesso continua a leggere se vuoi, troverai altre importanti

informazioni. Analizzeremo altri aspetti e ne approfondiremo
alcuni già trattati.

Il termine gaslighting è molto popolare al giorno d'oggi e questo è uno dei motivi per cui ho scelto di includerlo in questo libro. Non compare in nessuna categorizzazione ufficiale del narcisismo ma è comunque un'espressione che si usa per descrivere lo strumento peggiore ed attraverso il quale il narcisista, patologico, perverso o maligno che sia, manipola e confonde la vittima.

Con il gaslighting il narcisista entrerà nella tua testa.

Abbiamo già visto di come, fondamentalmente, i narcisisti siano soggetti piuttosto subdoli e nascosti (l'overt è più teatrale ma se non se ne conosce il disturbo, egualmente difficile da individuare), di come siano in grado di dissimulare le loro intenzioni e persino, all'inizio, farti sentire come se fossero i tuoi migliori amici.

Il gaslighting è uno dei loro strumenti preferiti. Uno strumento che, per gran parte della relazione, permette loro di rimanere nascosti al vostro radar e passare quindi inosservati.

Ma perché si chiama gaslighting? Effettivamente, il termine stesso non implica direttamente nulla che abbia a che fare con il narcisismo. È un termine che proviene da un omonimo film del 1944 dove un uomo fa letteralmente impazzire sua moglie, facendole mettere in discussione la realtà e facendole credere di essere pazza.

L'essenza del termine applicato al narcisismo è proprio questa. Il gaslighting costringe la vittima a mettere in discussione le proprie azioni, le proprie percezioni e le proprie convinzioni. È quasi come se l'aggressore dicesse: "Non credere in te stesso, credi in me".

Questo è essenzialmente l'obiettivo finale del narcisista: ottenere il controllo completo, fisico e psicologico sulla sua vittima.

Prendiamo adesso come esempio una classica situazione di gaslighting nel matrimonio. In questa circostanza, la narcisista sarà la moglie mentre il marito sarà la vittima. Il loro matrimonio, naturalmente, è ben lungi dall'essere un buon matrimonio. In qualche modo stanno insieme ma il ciclo degli abusi si ripete continuamente ed ogni tanto litigano per qualche insignificante sciocchezza.

Un bel giorno, la moglie che chiameremo Anna comincia pretestuosamente a lamentarsi con il marito, Steve, rimproverandogli il fatto che a lui non importa abbastanza di lei perché se gli importasse veramente, ogni tanto, le comprerebbe qualcosa.

Ma Steve le ricorda di averle comprato un bellissimo paio di orecchini appena il mese scorso. All'inizio, sembra che Anna non riesca nemmeno a ricordare questo evento. Steve comincia a giustificarsi e lei, dopo averci pensato un po', sembra fare una leggera marcia indietro. La sua concessione, però, è solo parziale perché un attimo dopo dice: "certo, ma è stato mesi fa. È passato ormai così tanto tempo che quasi me ne ero dimenticata. Dopo tutto, quando ho detto che non mi hai mai comprato niente, non volevo dire questo. Volevo semplicemente dire che ho come l'impressione che non mi ami più così tanto. È davvero così difficile pensare ogni tanto a me invece che sempre a te stesso?" Dopo aver detto queste spudorate bugie, Anna esce dalla stanza sbattendo la porta furiosamente.

Ora, analizziamo più approfonditamente il fatto per cercare di comprendere meglio e per definire più attentamente la sottile chirurgia emotiva e mentale del gaslighting.

Apparentemente, difatti, potrebbe sembrare una situazione molto comune. Ma intesa in un contesto di abuso e manipolazione, dobbiamo sottolineare che Anna rimprovera Steve sui sentimenti verso di lei pur sapendo benissimo che lui l'ama con tutto il suo cuore e che farebbe qualsiasi cosa per lei. Non lo rimprovera per insicurezza, ansia o cose del genere. Lei sa quanto Steve la ami e sa anche quanto gli faccia male quando qualcuno lo mette in dubbio, soprattutto se a metterlo in dubbio è lei. Inoltre, ha usato alcune delle tecniche di gaslighting più efficienti; in primo luogo, ha finto che Steve non le avesse mai comprato nulla. Dopo un po', ha ammesso di aver ricevuto gli orecchini ma ha contemporaneamente distorto i fatti parlando di mesi anche se ne era passato solo uno, ed infine ha stravolto immediatamente il significato delle sue dichiarazioni incolpando Steve di pensare solo a sé stesso ed è uscita di scena sbattendo la porta.

Questa è probabilmente la tecnica più devastante per l'ego ferito della vittima che non ha la forza di ribellarsi. Difatti, anche di fronte a prove concrete, i narcisisti riescono a salvare il loro orgoglio alterando completamente il significato delle loro dichiarazioni.

"Non volevo dire questo" oppure "Sì, ho detto questo ma TU mi hai frainteso" sono solo alcune tra le loro migliori tattiche di comunicazione manipolativa.

Poi, come se ciò non bastasse, cementano la loro vittoria con il ricorso all'attacco. D'altronde l'attacco è la migliore difesa giusto? Invece di cercare di difendersi, loro contrattaccano.

"Come osi interrogarmi?", "Non mi ami più così tanto", "Mi odi così tanto"?

Queste sono affermazioni che nel contesto di una relazione disfunzionale fanno dubitare anche le persone più sicure. È manipolazione all'ennesima potenza.

Per concludere, possiamo dire che subire gaslighting continuamente può avere conseguenze devastanti. È molto frequente, soprattutto in sessioni di terapia e coaching, imbattersi in persone che sono totalmente assuefatte e convinte della propria pazzia ed incolpano esclusivamente sé stesse per tutto ciò che accade. Scavando un po', infatti, emerge che questo tipo di convinzioni sono il prodotto di una manipolazione lenta e costante avvenuta nel tempo.

Ora che sappiamo come funziona, possiamo giustamente dire che un soggetto che è vittima di gaslighting per un lungo periodo, finirà per mettere in discussione la sua salute mentale. C'è un termine francese che descrive molto bene questo tipo di situazione: folie à deux. Questa espressione significa letteralmente doppia follia o follia a due.

Per definirlo meglio, qualunque sia la traduzione che scegliamo di attribuirgli, la cosa più importante in questa follia a due è che una persona mentalmente instabile e psicologicamente non equilibrata trasferisce la sua condizione in un'altra persona.

Le scimmie volanti

Un'altra espressione che è diventata piuttosto popolare su internet è quella delle scimmie volanti. Termine che viene preso dal celebre libro "Il Mago di Oz", con questa espressione generalmente si indica l'entourage del narcisista, i suoi fedeli servitori. Nella pratica, infatti, è molto frequente notare che, a causa del suo fascino e delle sue capacità verbali, un narcisista si circonda di pochi complici ma estremamente leali che lo venerano più di ogni altra cosa sulla terra. Questi complici sono pronti a fare qualsiasi cosa per lui ma, di solito, hanno il ruolo degli informatori. Svolazzano in giro raccogliendo informazioni che dopo riferiscono al loro padrone.

Bisogna sottolineare, però, che queste scimmie volanti sono esse stesse vittime della manipolazione del narcisista. Non focalizzatevi quindi su di loro, non riversategli addosso i vostri rancori e la vostra ira, o almeno non fatelo esclusivamente su di loro! Sappiate, piuttosto, che il colpevole dietro le loro vergognose azioni è il soggetto narcisista.

Le scimmie volanti generalmente agiscono, svolgono la loro funzione, in due modi.

Il primo, quello più comune, si ha quando sono utilizzate per praticare ciò che si definisce abuso per procura. In poche parole, un narcisista, per nascondersi fa fare agli altri il lavoro sporco per lui. Questi lavori sporchi sono abbastanza comuni e vanno da lievi rimproveri a castighi e litigi diretti, sono quindi alleanze che manifestano tutta la loro crudeltà principalmente nella fase dello scarto quando il narcisista cerca di fare terra bruciata attorno alla vittima oppure con la finalità di far tornare la vittima all'ovile.

La seconda funzione, sicuramente più rara, riguarda casi estremi, casi in cui oltre ad un disturbo narcisistico della personalità è presente in forma piuttosto marcata la psicopatia. Quando, purtroppo, un narcisista psicopatico incontra una persona estremamente obbediente, possono accadere cose molto brutte. Si può infatti andare dalla violenza fisica con ferite fino addirittura ad omicidi ed omicidi seriali.

È il caso ad esempio di Charles Manson, noto criminale

statunitense, conosciuto per esser stato il mandante di due orribili fatti di sangue avvenuti negli Stati Uniti D'America (eccidio di Cielo Drive ed omicidio di Leno LaBianca e sua moglie) che deve la sua fama proprio a questi individui obbedienti (la Famiglia Manson) che erano così ossessionati da lui da esser pronti ad uccidere le persone su sua esplicita richiesta. Erano i suoi burattini.

Molti criminologi e psichiatri hanno definito Manson come un soggetto con tratti antisociali e narcisistici che combinati tra loro hanno formato un cocktail mortale. Fin dalla prima infanzia, periodo non piacevole perché vissuto con una madre alcolizzata, Manson mostrò importanti segni di disturbo antisociale della personalità. Rinchiuso in riformatorio, appena uscito proseguì la sua carriera delinquenziale con piccoli crimini come truffe, furti e sfruttamento della prostituzione. Venne rinchiuso in prigione nel 1960 dove fu condannato a scontare 10 anni e venne rilasciato su cauzione nel 1967.

Dopo il suo secondo soggiorno in prigione, ha iniziato a raccogliere un numero significativo di devoti e seguaci. Oggi le chiameremo proprio scimmie volanti.

Erano per lo più donne, un gruppo, una setta passata alla storia e conosciuta come la 'Famiglia Manson'. Questo fu il periodo definito messianico e narcisistico di Manson quando lui iniziò a credere di essere un profeta.

Citeremo solo brevemente gli atti più estremi della famiglia Manson: il 27 Luglio del 1969 venne uccisa l'insegnante di musica Gary Hynman; il 9 agosto 1969 furono uccise 5 persone. Tra loro Sharon Tate, moglie di Roman Polanski e attrice incinta al momento dell'omicidio. Pochi dei seguaci più fanatici di Manson fecero irruzione in casa e cominciarono il loro massacro. Dai fatti e dalle testimonianze raccolte è emerso che Manson consigliò di distruggere totalmente chiunque si trovasse lì nel modo più raccapricciante possibile.

Il gruppo ha poi commesso un duplice omicidio il giorno seguente con l'uccisione di Leno LaBianca e sua moglie Rosemary; dopo una serie di furti, aggressioni e altri crimini, hanno poi cercato di uccidere anche l'allora Presidente degli Stati Uniti D'America Gerald Ford. Quest'ultimo atto, però, non è mai stato compiuto. Le scimmie volanti hanno quindi la funzione di far sentire il narcisista grandioso in tutta la sua esasperazione. Un soggetto che riesce a manipolare fino a tal punto gli altri è un qualcosa di così perverso da non poter essere umanamente giustificabile.

Il tentativo di fuga della vittima

Da ciò che abbiamo visto sino ad ora, credo che ormai sia facilmente desumibile che, in una relazione abusante di tipo narcisistico, spesso, quasi sempre, è il narcisista ad avere il controllo della situazione. Questo significa che, generalmente, è lui a scegliere ed è lui a scartare (il ciclo lo analizzeremo meglio più avanti).

Val la pena adesso scrivere qualcosa relativamente ad un'eventuale reazione della vittima che si concretizza raramente, ed in genere è tremendamente sofferta, ma che qualche volta può verificarsi. Cosa succede quando è la vittima a scartare? È difficile da prevedere. Ma una cosa è certa, il narcisista la prenderà molto seriamente.

Cercheremo ora di descrivere il modello, o schema, di narcisista rifiutato. E questa descrizione, anche se vaga e quasi del tutto parziale, è qualcosa che spiega molto sinteticamente alcuni casi estremi di molestie. Siamo tutti d'accordo che monitorare costantemente l'attività di qualcuno, ed essere ossessionati da quella persona, è qualcosa che non è normale. È quindi del tutto irrazionale supporre che esista un tipo specifico di individui più inclini a questo tipo di deviazioni.

Vediamo come potrebbe comportarsi un narcisista che viene respinto. Generalmente le fasi sono tre. Ma non necessariamente fanno parte di uno schema unico! Spesso è così ma possono concretizzarsi anche separatamente. Esse sono:

1. Stalking
2. Molestie
3. Ripescaggio

Proviamo ora a spiegarli con un caso reale perchè è probabilmente l'opzione migliore per rendere più chiara la situazione.

Il seguente caso grave è avvenuto nel Regno Unito, nel Cheshire esattamente. Julie, che all'epoca aveva poco più di vent'anni è la vittima di un periodo di incessante ed inarrestabile stalking.

Tutto sembrava andare bene per lei fin quando comincia una relazione con un ragazzo che aveva già conosciuto quando frequentava l'università. Secondo il racconto di Julie, il suo nuovo ragazzo era affascinante e sicuro di sé ma spesso arrogante, caratteristica molto comune nei narcisisti e che era l'unica cosa che non le piaceva.

Inizialmente, era piuttosto eccitata e, a parte l'aspetto della frequente arroganza, trovava questo nuovo ragazzo abbastanza attraente. Molto presto, però, Julie comincia a rendersi conto che non tutto è perfetto con lui. Si frequentano da così poco e lui la riempie di regali costosi. Ovviamente, questo, le sembrava un po' strano essendo all'inizio ma, ingenuamente, gli da poca importanza. Dopo tutto, erano nel primo periodo della relazione, il periodo dell'infatuazione e dell'innamoramento. Tuttavia, i regali frequenti e costosi erano un segnale che non avrebbe dovuto essere ignorato.

Passa il tempo e Julie comincia a raffreddarsi un po'. O meglio, comincia a comportarsi naturalmente, secondo quelli che sono gli schemi comportamentali di una relazione sana quando il periodo della luna di miele dei primi mesi, piano piano si attenua. Lui, invece, diventa sempre più appiccicoso affezionandosi in modo eccessivamente morboso.

Comincia a farle chiamate sul luogo di lavoro che diventano sempre più frequenti, fino al punto in cui Julie è costretta a rispondere al telefono mediamente 10 volte al giorno. E nonostante lui sapesse che Julie era al lavoro o impegnata in altre cose, continua a chiamarla più e più volte.

Piano piano, lui diventa irragionevolmente geloso e alle chiamate costanti si aggiungono messaggi verbalmente violenti e perfino minacce.

Julie, dopo essersi stancata delle continue molestie e dei suoi comportamenti violenti ed irrispettosi, torna a casa dai suoi genitori dicendogli molto chiaramente che non tornerà più.

Qui, comincia l'inferno, le 10 chiamate al giorno si trasformano in 30, le minacce diventano sempre più fantasiose, le scrive lettere lunghissime e messaggi nei quali descrive come avrebbe puntato una pistola alla gola di suo fratello. La ricatta minacciando di pubblicare le sue foto intime su internet e le dice che la verrà a prendere quando meno se lo aspetta.

Ormai è evidente che lui ha completamente perso la ragione, pensa ossessivamente a Julie ed in ogni nuovo messaggio chiarisce una cosa: non si fermerà davanti a nulla.

Questa era la prima parte della storia. L'altra parte riguarda l'hoovering. La parola hoovering è diventata molto popolare di recente e denota una situazione in cui un narcisista cerca di succhiare (to hoover appunto) la sua vittima per farla tornare nella relazione. È un aspetto che vedremo anche più avanti ma che vale la pena di trattare anche in questa sede, all'interno di un caso reale, per far meglio comprendere il suo meccanismo.

Poniamoci questa domanda adesso: non è paradossale per una persona essere estremamente molesta e aggressiva nei confronti di un partner da un lato, e fantasticare sulla continuazione della relazione che da tempo è finita dall'altro? Si, è estremamente paradossale! Ma è proprio in questo paradosso che vediamo l'essenza più vera del narcisismo. Quel narcisismo implacabile, pieno di rabbia, di rancore ed odio, quasi inarrestabile nella sua determinazione e potenza distruttiva ma che è allo stesso tempo anche fragile, insicuro e fuori equilibrio.

Perché avviene l'hoovering? In poche parole, perché i narcisisti tendono ad idealizzare le persone che sono importanti per loro. Non fraintendetemi, lo fanno tutti in una certa misura. Ma non tutti però arrivano a discriminare nella realtà attraverso queste rappresentazioni di idealizzazione degli altri.

I narcisisti sono particolarmente precisi ed allo stesso tempo estremamente selettivi nel fare una rappresentazione realistica ed equilibrata degli altri che sintetizzi le buone e le cattive caratteristiche al fine di un'accettazione piena. Sappiamo tutti che uno dei requisiti essenziali del vero amore è l'accettazione incondizionata del nostro partner. I narcisisti, purtroppo, hanno un'infinità di condizioni e requisiti molto difficili da soddisfare completamente.

Dobbiamo capire perché i narcisisti non si adattano alla loro prospettiva. Probabilmente non riescono a riflettere sulle loro relazioni in modo distaccato ed imparziale. Non riescono ad accettare che il partner non sia poi così perfetto ed abbia, come tutti, dei difetti. Si rifiutano di pensare che tutti hanno dei difetti, quindi anche il loro partner, e che, per questo, dovrebbero accettarlo così com'è.

L'ossessione per l'ex partner, che generalmente segue dopo la rottura, ha un valore secondario. Quello che interessa è la funzione di questa ossessione. E questa funzione implica la dominazione del loro ego sull'idealizzazione degli altri.

L'ossessione è, quindi, un atto di difesa psicologica, un ultimo tentativo prima che l'intera facciata si frantumi. Perché, finché durano le ossessioni, c'è la speranza che l'idealizzazione dell'altro continui ad esistere. E finché c'è la speranza dell'esistenza dell'altro, seppur idealizzato, l'immagine grandiosa di sé rimane intatta, almeno parzialmente. È un gigantesco processo di proiezione.

Tornando a Julie, lei conclude la sua testimonianza, il suo racconto, rivolgendosi ad ogni donna affinché non ignori i segnali più importanti di una personalità morbosa, appiccicosa nel senso più spregiativo del termine e possibilmente narcisistica.

Ha trascorso un anno e mezzo con quel ragazzo disturbato ed ha visto segnali di avvertimento di ogni tipo durante tutta la relazione, fin dall'inizio.

Questo tipo di persona è molto pericolosa. Sono soggetti imprevedibili!

Julie è stata anche fortunata in un certo senso; non ha mai subito abusi fisici. Ma sarebbe potuto accadere perché le minacce erano lì, davanti ai suoi occhi.

Quando e se vi trovate in simili situazioni, non potete sedervi ad aspettare con l'ansia e la paura che si insinuano lentamente in voi ogni giorno.

Quando le minacce, le molestie e lo stalking sono così gravi, star fermi è la soluzione peggiore. Dovete chiedere aiuto, immediatamente. Ed allontanare questo tipo di soggetti il prima possibile, prima che sia troppo tardi.

Capitolo 5 – Come capire che sei caduta nella rete di un narcisista

Nella maggior parte dei casi, le persone non sanno di essere vittime di un/a narcisista. Confonderanno quello che stanno vivendo all'interno della relazione come qualcosa di normale, come ciò che avviene in ogni rapporto di coppia. Anche quando l'abuso è estremo, la vittima vive la relazione negando a sé stessa che il suo partner sia un soggetto abusante.

Il motivo principale di tutto questo è l'eccessiva adulazione ed il numero spropositato di elogi che la vittima riceve durante la prima fase, quella dell'idealizzazione.

Un narcisista è molto abile in questo, sa come corteggiare all'inizio di una relazione e fare in modo che la vittima sia attratta da lui. Ha quel distacco dal risultato che è presupposto fondamentale in ogni situazione di successo, sia essa lavorativa, amicale, sessuale o romantica.

Creano nelle vittime una specie di assuefazione al momento, le imprigionano nella loro rete fino al punto di renderle totalmente dipendenti da quel determinato tipo di emozioni, con il risultato che loro non riescono più a farne a meno. E quando cominciano a verificarsi i primi segnali di un qualcosa di disfunzionale, non se ne rendono conto. Sono così legate a quei momenti che vivono nella continua speranza che tutto ritorni come prima, come fosse di nuovo l'inizio.

Vediamo adesso alcuni dei segnali che possono indicare che sei intrappolata/o nella rete di un narcisista.

Ricatti frequenti

La maggior parte dei narcisisti tendono a minacciare la stabilità emotiva delle loro vittime con ricatti frequenti. Quando una vittima è minacciata, generalmente tende ad umiliarsi; ciò da ai narcisisti più potere per controllarla.

Se il tuo partner continua a minacciare di lasciarti, continua a dirti che se non fosse per lui non avresti mai raggiunto quello che hai adesso, è molto probabile che tu abbia una relazione con un soggetto narcisista.

Usano questo tipo di approccio quando si tratta di instillare nella vittima paura, insicurezza e senso di colpa. E, a quanto pare, è un approccio molto efficace.

Ti ricatta per dimostrare che è solo colpa tua se lui non si sente a proprio agio nella relazione. Tu, dal canto tuo, vivendo in uno stato di totale insicurezza, eviti di sollevare il problema per paura che lui agisca, magari decidendo di lasciarti.

Ancora, se ad esempio ti invita non proprio tranquillamente ad andartene via aggiungendo di non aver bisogno di te, in un certo senso ti imbriglierà; tu, infatti, sapendo che non farà nulla per farti restare, sarai totalmente immobilizzata.

Annullarsi completamente

Se durante una relazione con un narcisista senti di non avere obiettivi, desideri e aspirazioni, significa che hai rinunciato a te stessa.

A questo punto della tua vita, a causa di questa persona con cui hai una relazione, sei arrivata a metter da parte i tuoi desideri e i tuoi bisogni di base, sacrificando il tuo benessere psichico ed emotivo per compiacere il narcisista.

Magari prima eri piena di vita, avevi sogni e obiettivi e adesso senti che stai vivendo per compiacere e soddisfare le esigenze del tuo amante, rispettare i suoi impegni, ammesso che li abbia e non ti racconti cavolate, e non rischiare mai di disturbarlo. Hai raggiunto un punto in cui la tua vita ruota attorno a lui e non hai nulla al di fuori di questa relazione. Ciò significa che hai letteralmente sacrificato il tuo benessere per salvaguardare quello del narcisista assecondandolo in tutto e per tutto.

Presto ti accorgerai che pur sacrificandoti non sarai mai in grado di soddisfare il tuo partner e che tutti i sacrifici che hai fatto sono stati completamente inutili.

Vivere una relazione sana significa prima di tutto non rinunciare a sé stessi, alle proprie amicizie, agli hobbies e ai propri obiettivi; significa intraprendere un percorso insieme ad un'altra persona che abbia rispetto dei tuoi spazi, come tu ne devi avere dei suoi, aiutandoti allo stesso modo a realizzare il tuo pieno potenziale e vivere una vita felice.

Problemi di salute

La maggior parte delle persone che hanno una relazione con un partner narcisista vivono nella totale negazione di loro stesse fingendo che tutto vada bene; nasconderanno i propri disagi ed eviteranno di affrontare le difficoltà che quotidianamente emergono nella relazione. Difficilmente riusciranno a mantenere una buona immagine nella società perché, nel profondo, stanno soffrendo immensamente.

Se ti senti così, allora, sicuramente, sei intrappolata nella rete di un narcisista.

Quando si vivono tali disagi, quando si vivono tumulti emotivi e psicologici continui, è possibile, ad esempio, avere aumenti e perdite di peso piuttosto significative come sostenuto da Morf & Horvath nel libro The Handbook of Narcissism and Narcissistic Personality Disorder. Alcune persone arrivano al punto di sviluppare seri problemi di salute che non avevano prima di impegnarsi nella relazione.

Potresti sembrare più vecchia rispetto alla maggior parte dei tuoi coetanei. Questo fenomeno è noto come invecchiamento precoce. Sempre secondo Morf, anche lo stress, l'ansia e la depressione causati dall'abuso cronico che stai attraversando, sono in grado di danneggiare il tuo sistema immunitario facendoti diventare vulnerabile a varie malattie e disturbi fisici e mentali. Infine, se ti capita di avere incubi terrificanti e non riesci a dormire, significa che stai rivivendo il trauma attraverso flashback visivi o somatizzandolo con l'insonnia.

Alle persone che hanno una relazione sana, raramente, difatti, capita di sperimentare fenomeni di questo tipo.

Isolamento

Un'altra tattica che il narcisista utilizza per assicurarsi di controllarti completamente, è quella di isolarti dalle persone a te vicine.

Quando capisce che i tuoi genitori o i tuoi amici potrebbero aiutarti a capire che stai subendo abusi, proverà ad allontanarti da loro.

Inoltre, se avete amici in comune, alcuni narcisisti arriveranno addirittura a fare vere e proprie campagne diffamatorie contro di te facendoti apparire come se fossi tu la persona con un serio disturbo della personalità. Gli amici, a questo punto, non si fideranno più di te e cominceranno ad allontanarti.

In altri casi sarai tu ad isolarti perché in imbarazzo per gli abusi che stai vivendo senza avere la forza di ribellarti.

In una tale situazione, è importante rendersi conto che, subendo, stai dando potere al tuo molestatore. Tuttavia, a causa di ignoranza, condizionamenti ed idee sbagliate sulla violenza psicologica ed emotiva, le persone ti vittimizzeranno quando invece non è assolutamente colpa tua. Spesso, difatti, sia i familiari che gli amici, non conoscendo il funzionamento di determinati meccanismi, fraintenderanno un po' tutto invalidando, purtroppo, l'idea che la persona che hai accanto è una persona offensiva e manipolatoria. Pertanto, poiché temi che nessuno ti capisca, tenderai ad isolarti piuttosto che cercare assistenza o aiuto, evitando ritorsioni o giudizi.

Quindi, anche in questo caso, se ti trovi in una situazione del genere, è importante prenderla seriamente perché, probabilmente, sei finita nella rete di una persona abusante, sei in una relazione disfunzionale e non sana.

Colpevolizzarsi

È ormai risaputo che spesso le azioni dei narcisisti sono disumane e che, loro, nel compierle, non se ne rendano assolutamente conto. Tendono ad impiegare quella che viene definita psicologia inversa. All'inizio della relazione, nella fase di idealizzazione, si comportano in modo impeccabile. Ma è tutto calcolato (inconsciamente ovviamente, è la loro natura)! Si impegnano in azioni amorevoli, premurose e gentili, finalizzate a conquistare il tuo cuore e il tuo amore. Quando invece la relazione si è consolidata cambiano e diventano offensivi ed abusanti. Si comportano in modo ambiguo, utilizzando la tecnica del caldo/freddo e regalandoti magari emozioni forti per poi chiudersi, all'improvviso, in un silenzio assordante, finendo con il confonderti incredibilmente.

La vittima, piuttosto che rendersi conto che il partner lo sta facendo intenzionalmente (sempre secondo la sua natura), tende a biasimarsi.

Il narcisista è, altresì, molto abile nella triangolazione in base alla quale inserisce nella relazione una terza persona che potrebbe essere un'estranea (amica) o proprio un amante, con l'intenzione di ingelosire la vittima e spaventarla. In questo caso, difatti, la vittima tende ad interiorizzare la paura di non essere abbastanza per lui, traducendo il tutto in una competizione senza fine, volta ad ottenere l'approvazione e l'attenzione del narcisista.

Ti potrebbe capitare, inoltre, di fare confronti con le coppie che vivono una relazione sana, felice ed appagante e di conseguenza dubitare delle tue capacità relazionali. Anche in questo caso, finirai per biasimarti.

La verità, cara amica, è che non dovresti incolpare te stessa. Stai vivendo una relazione non sana ed il motivo per il quale dubiti è che LUI ti ha intrappolato nella sua ragnatela.

Non dedicarsi a ciò che si ama e paura di avere successo

In una relazione, il narcisista prospera negando la libertà alla propria vittima. Lui deve sempre avere voce in capitolo su tutto. Se stai vivendo una relazione nella quale, per ogni cosa, devi chiedere il permesso al tuo partner, allora non sei libera, sei intrappolata.

In una relazione sana il rispetto vicendevole dei propri spazi è requisito fondamentale. Se ti senti costantemente minacciata nella tua libertà, allora è il momento di cominciare a pensare di chiudere la relazione.

Un narcisista ti addestrerà a farti sentire crudele e insensibile nei suoi confronti non appena tu proverai a dedicarti a qualcosa che ti piace. Ti condizionerà fino al punto di aver paura del tuo successo manipolandoti e inducendoti a pensare che un eventuale tuo successo, appunto, comporterà una minaccia alla relazione.

Il fatto di condizionarti in continuazione ti porterà a perdere fiducia in te stessa, genererà ansia, depressione e, soprattutto, addormenterà tutte le tue capacità ed i tuoi talenti.

È importante comprendere che lui lo farà solo ed esclusivamente perché sa bene che se tu un giorno avrai successo, lui perderà il controllo che ha su di te.

Dissociazione

Se ti senti fisicamente e mentalmente distaccato dal tuo 'senso di sé', dalla tua coscienza, dalla tua memoria e dalle tue percezioni, allora sei intrappolata nella ragnatela di un narcisista. Gli esperti hanno riconosciuto la dissociazione come l'essenza del trauma. Una persona, in una situazione del genere, ha sensazioni fisiche, pensieri, immagini, suoni ed emozioni scisse e frammentate.

Quando questo capita anche a seguito di un evento particolare come un lutto ad esempio, non è normale. Se questa attività di intorpidimento della mente è diventata il tuo stile di vita perché ti offre un modo per patire meno la situazione e l'abuso, allora il tuo partner è un narcisista.

Tutto questo, non è assolutamente normale! Significa che il tuo cervello ha sviluppato modi per bloccare emotivamente il dolore emotivo in modo da non dover affrontare determinate circostanze. La dissociazione è probabilmente fra tutti, l'aspetto da dover prendere più seriamente in considerazione. Quando ti disconnetti dai tuoi cari, dalla tua personalità e dall'ambiente in cui vivi, è assolutamente necessario ricorrere ad un buon terapista, come detto sopra magari specializzato nel trauma derivante dall'abuso narcisistico, che ti aiuterà a valutare meglio la situazione ed a riprendere in mano la tua vita.

Il ciclo dell'abuso del narcisista è un modello comportamentale che si manifesta sempre

nel medesimo modo ed in ogni relazione e che si realizza mediante cinque fasi principali:

1. Idealizzazione
2. Svalutazione
3. Scarto
4. Distruzione
5. Ripescaggio

Analizziamole adesso singolarmente

Fase dell'idealizzazione

È la fase dell'idillio, quella fase in cui il narcisista ti mette su di un piedistallo e ti bombarda d'amore (love-bombing).

Dopo essersi messo una gigantesca maschera, ti dice quanto sei meravigliosa, che non può vivere senza di te e quanto sei importante per lui. In questo stadio ti coinvolge a livello emotivo, si mostra meraviglioso, il partner ideale, lui è tutto quello che tu avresti potuto desiderare. Ti senti amata, apprezzata e desiderata ed il tuo sentimento nei suoi confronti cresce sempre di più.

Questa fase, generalmente arriva nella tua vita con un impeto devastante, ed è ciò che ti mantiene nella relazione anche nelle altre quattro fasi successive, molto meno piacevoli.

Sovente ci sono spesso promesse sul futuro; come un matrimonio, l'acquisto di una casa e dei figli. Queste promesse hanno lo scopo di alimentare i tuoi desideri e farti desiderare di rimanere nella relazione. Non ti sei mai sentita così e cominci a sviluppare una specie di dipendenza a questo tipo di emozioni. Pensare ad un matrimonio per te è il palcoscenico di una meravigliosa luna di miele.

Se hai già attraversato questo ciclo prima, magari con un'altra persona, potresti vivere questa fase con un po' più di apprensione, poiché sai cosa probabilmente ti aspetta. Da una parte non puoi fare a meno della sensazione di essere desiderata ma dall'altra riconosci anche che esiste un pericolo. Sei quindi condizionata a fare di tutto per non offendere il tuo partner. Sai già, dentro di te, che presto arriverà la fase della svalutazione anche se sbaglierai la più piccola cosa! Così, cerchi di evitarlo a tutti i costi.

Ho voluto scrivere queste poche righe, relative alle paure di chi ha già vissuto una relazione di questo tipo, proprio per far meglio comprendere quanto, i rapporti con soggetti abusanti, possano spesso segnare l'esistenza di una persona per sempre, o almeno sin quando non si decide di affrontare sé stessi con l'aiuto di un professionista. Fare tutto il possibile per rimanere nelle grazie di un nuovo partner narcisista è quanto di più sbagliato possa esserci.

Non è questa la sede per andare ad analizzare il perché spesso ci si lega ad un certo tipo di soggetti. Ma sappiate che ciò è molto frequente e potrebbe avvenire fin quando non si prende consapevolezza di quanto sia necessario, per il proprio bene, un cambiamento.

Immaginiamo ora, a titolo di esempio, una coppia sposata, Anna ed Eric. Eric è un narcisista.

Durante la fase dell'idealizzazione, Eric bombarda Anna di attenzioni. La invita ad uscire, le regala dei gioielli e le compra un nuovo telefono perché sa che il suo è difettoso. È attento, affettuoso e sembra il partner perfetto. Anna, in questa fase della relazione, è sopra le nuvole! Finalmente pensa che forse, adesso, le cose andranno diversamente per lei. Fa tutto quello che può per essere una moglie felice, assicurandosi che per il suo partner sia tutto perfetto. Ovviamente non manca dell'ottimo sesso...almeno da parte sua. Poi, piano piano, comincia ad avvertire strane sensazioni, percepisce che c'è qualcosa nella personalità di Eric che non va e quindi cerca di evitare di disturbarlo o fare cose che possano dargli fastidio.

Nel tempo, la passione e il romanticismo sembrano svanire. Sebbene possano ancora interagire regolarmente tra loro, e questo in un certo senso la rasserena, le inondazioni di amore e la frequenza di attenzioni iniziano a confluire in una familiarità più confortevole ma per diversi aspetti un po' strana. Anna non si preoccupa, pensa che sia il naturale assestamento della relazione. Cioè quel periodo in cui si passa dall'innamoramento all'amore vero e proprio.

Fase della svalutazione

Questa è la fase in cui, nella relazione, comincia a manifestarsi l'abuso. Tutto quello successo fino a quel momento, tutto il bombardamento d'amore sembra non esserci mai stato.

L'abuso può cominciare con la violenza verbale, il narcisista comincia ad accusarti di cose futili e che non hanno alcuna importanza. Per lui, può diventare un problema la più piccola stupidaggine. Acquistare, ad esempio, una marca di burro piuttosto che un'altra può farlo alterare fino al punto che potrebbe accusarti di aver voluto comprare quel burro proprio per litigare.

All'abuso verbale, generalmente poi segue il gaslighting attraverso il quale lui comincia a mettere in dubbio la TUA percezione degli eventi fino al punto di confonderti.

Potrebbe cominciare a tradirti, a mentirti, a chiamarti con un altro nome, potrebbe manifestare in modo eccessivamente esplicito delle dipendenze come alcol e gioco d'azzardo.

L'obiettivo di questa fase è imprigionarti in uno stato di totale assoggettamento. Vuole renderti inerte mentre le tensioni aumentano e manipola per generare silenzio in te. Il silenzio, per lui, è accettazione e l'accettazione diventa controllo. Vuole insegnarti ad accettare l'abuso.

Durante questa fase, generalmente si è ad un bivio: potresti ribellarti, litigarci e richiamarlo a comportamenti più consoni, cosa che non accade quasi mai purtroppo perché la vittima è resa debole dall'abuso e dalla manipolazione, oppure accettare tutto rimanendo in silenzio. Tuttavia, nessuna di queste opzioni è particolarmente indicata.

Litigare con un narcisista serve a poco, lui è un muro di gomma ed il litigio diventerebbe un'eterna lotta contro i mulini a vento. Assecondarlo, invece, finirà per dargli ancora più potere. È importante, invece, tracciare dei confini, evitando di farsi mancare di rispetto facendoglielo notare in modo assertivo, oppure uscire dalla relazione, temporaneamente o definitivamente.

Tornando alla situazione di Anna ed Eric, Anna comincia a notare alcune stranezze, si accorge ad esempio che i vestiti di Eric profumano e comincia a fargli notare quelle mancanze di attenzioni, sia fisiche che emotive, di cui aveva cominciato a rendersi conto prima. Lui la accusa di essere diventata appiccicosa e bisognosa per il semplice fatto che lei vuole passare del tempo con lui; se ne distacca sempre più, comincia a criticarla per ogni minima cosa e anche se non ha fatto nulla di male, trova sempre un modo per incolparla relativamente al suo umore. Potrebbe essere il riscaldamento troppo alto, la finestra spalancata, la camicia stirata male...insomma, indipendentemente dai motivi, Eric trova sempre qualcosa per attaccarla. Ma a profumare di qualcosa di insolito, sono i vestiti di Eric...

Fase dello scarto

La terza fase è quella dello scarto.

Lo scarto è in genere ciò che accade se rifiuti di accettare passivamente l'abuso; è ciò che accade se ti ribelli. Se richiami il narcisista sui suoi comportamenti, chiedendo di essere trattata con rispetto, se ti aspetti di non essere tradita mentre lui ti racconta menzogne, allora è probabile che il 'signorino' si offenda.

Tieni presente che, la cosa che il narcisista teme più di tutte è quella di esser abbandonato, ignorato e respinto. Quindi che fa? Ti abbandona per primo per esorcizzare l'eventualità che sia tu a farlo. Sceglie di scartarti per darti una lezione, per punirti.

La fase dello scarto è caratterizzata oltre che dall'abbandono anche dal silenzio. Il trattamento del silenzio è un metodo comportamentale manipolativo molto utilizzato dal narcisista in tutto il percorso della relazione con l'unica esclusione, anche se non totale, della fase di idealizzazione.

Potrebbe rompere all'improvviso con te ed immediatamente dopo rifiutare di riconoscere la tua esistenza. Potrebbe vivere i tuoi mugugni, le tue lamentele e le tue richieste di spiegazioni come mancanze di rispetto anche se è lui ad abusarti, anche se è lui a mancarti continuamente di rispetto, anche se offende ad ogni occasione la tua dignità.

In una relazione sana, non si viene tradite ripetutamente o chiamate con un altro nome. Hai tutto il diritto di difenderti, di non tollerare i suoi continui abusi e di fargli rispettare i tuoi confini, ogni giorno (e non solo da lui, da tutti).

Rieccoci nuovamente ad Anna ed Eric.

Anna, mette al corrente Eric di sapere della relazione extra-coniugale che sta avendo. Gli fa notare di esser a conoscenza dei messaggi sul suo telefono e gli dice che mentre faceva il bucato ha trovato i capelli dell'amante sui suoi vestiti, insieme a delle macchie di rossetto sul colletto della camicia. Lui ovviamente nega tutto, le dice che sta dicendo una marea di cavolate (gaslighting) e che si sta sbagliando; comincia ad urlare dandole della pazza. Anna insiste e finalmente si ribella dicendogli di non riuscire più ad accettare questo tipo di comportamento; lui prende le chiavi, il cappotto, il suo cellulare ed esce di casa sbattendo la porta.

Anna comincia a mandargli messaggi, vede che li legge dalla notifica di spunta e che non risponde. Lui va completamente in silenzio. Le ore si trasformano in giorni, i giorni in settimane ma la situazione non cambia. Eric si rifiuta di chiamare Anna.

Lei comincia a preoccuparsi, glielo comunica e lui prosegue con lo stesso trattamento: visualizza e non risponde. Prova a chiamarlo al lavoro ma niente.

Questo tipo di comunicazione manipolativa, già, sembra paradossale ma il silenzio è proprio una forma di comunicazione manipolativa, ha lo scopo di punire Anna, di sminuirla come se non gli importasse nulla di lei! È il proseguimento della svalutazione che si mischia alla fase dello scarto. Un cocktail devastante per la vittima.

Lui sta cercando di dirle che se non le piace il suo comportamento, a lui non importa nulla. La scarterà come una busta di spazzatura.

Qui, la fase dello scarto termina ma l'abuso continua! Se la vittima non prosegue nel dar voce al proprio dissenso, è molto probabile che cominci la fase del ripescaggio.

Se, al contrario, lei continua a cercarlo e a rinfacciargli il suo comportamento, molto probabilmente dalla fase di scarto si passerà a quella della distruzione.

La fase della distruzione

Quindi, abbiamo detto che se la fase dello scarto termina con una sorta di conflitto e la vittima continua a cercare di contattare il narcisista richiamandolo sul suo comportamento, la fase successiva sarà quella della distruzione.

Qui è quando tutto esplode, lui, sentendosi minacciato nell'io più profondo, diventerà ancora più cattivo e l'abuso aumenterà. Potrebbe passare dalla violenza verbale e dal silenzio ad una violenza fisica ed addirittura sessuale. In entrambi i casi, questa fase ha lo scopo di frantumare emotivamente e fisicamente la vittima.

Il narcisista intensificherà i suoi comportamenti distruttivi mischiando ed accentuando tutti i tipi di abuso e non si fermerà. Farà tutto il possibile per farti del male, vorrà farti soffrire per il dolore che crede che tu gli abbia inflitto.

Lui si sente offeso da te e vuole farti del male proprio perché è lui a percepirsi come una vittima a causa della sua distorta percezione della realtà. Questo è quanto basta per giustificare le sue azioni.

Durante questo abuso, è probabile che ti isoli, che ti tenga fisicamente bloccata da qualche parte (avete visto la serie tv 'YOU'? Se non l'avete vista, fatelo) o che ti porta via chiavi, telefono, denaro o qualsiasi altra cosa di cui potresti servirti per ricevere aiuto. Vuole assicurarsi che tu rimanga bloccata lì a pensare a quello che è successo, vuole convincerti a pensare che è stata colpa tua.

Rieccoci ad Eric e ad Anna!

Eric torna a casa da Anna dopo un periodo passato con la sua partner. Ritorna solo ed esclusivamente per dimostrare che lui può andare e venire a suo piacimento, fregandosene beatamente delle reazioni e delle parole di Anna.

Lei prova a fargli notare che se continua con questo atteggiamento la relazione finirà definitivamente, lo sfida ancora, affonda il coltello nell'ego frantumato e irrisolto di Eric e lui, improvvisamente, si lancia contro di lei fisicamente. La picchia, cosa che non ha mai fatto prima ma non rompe nulla, non le fa alcun danno permanente ma le lascia segni fisici della sua violenza.

Lei cerca di prendere il suo telefono per chiedere aiuto e lui glielo strappa dalle mani buttandolo in terra, rompendolo e dicendole che l'ha comprato lui e quindi può farne ciò che vuole. Anna è stata nuovamente punita!

Lui prende le sue chiavi e la lascia ancora una volta sola andandosene e dedicandole parole di una violenza verbale inaudita.

Questa fase è quella in cui emerge la vera natura del narcisista; quella fase in cui lui cerca in tutti i modi di dimostrare quanto controllo abbia sulla vittima.

Abusa della sua compagna e la incolpa. È di gran lunga la fase peggiore in termini di danni causati durante il ciclo dell'abuso. Lui è esplosivo, pericoloso e la situazione potrebbe davvero degenerare fino a causare la morte di qualcuno. È necessario fermarlo, in un modo o nell'altro, perché se gli viene concesso di continuare lui potrebbe non fermarsi se non quando arrivato al peggio.

Questa è sicuramente la parte più pericolosa della relazione, specialmente se il narcisista è fisicamente un violento che abusa spesso fisicamente della vittima.

Ovviamente, sebbene questo ciclo di abuso, questo schema comportamentale con le relative fasi sia lo stesso in tutte le relazioni narcisistiche, l'intensità della violenza e della manipolazione variano da caso a caso a seconda del grado di disturbo del soggetto abusante. Ho scelto di fornire un esempio prendendo ad oggetto della discussione un caso limite per far comprendere bene determinati meccanismi. Ma in una relazione narcisistica, ciò che cambia è solo ed esclusivamente l'intensità dell'abuso che, come detto, in casi estremi, può sfociare anche nell'omicidio.

Fase del ripescaggio

La fase del ripescaggio (la parola hoover in italiano significa aspirapolvere) sta ad indicare il fatto che il narcisista proverà a risucchiarti nella relazione. Sa di aver commesso un grave danno e quando si rende conto che tu non ti stai impegnando nel tentativo di salvare la relazione, proverà a farlo lui.

Durante questa fase, negherà ogni sua colpa incolpando te o adducendo qualche altra causa esterna come motivo del distacco. Potrebbe tornare dicendoti che stava passando un brutto periodo, che era stressato o che era sotto l'influenza di qualche droga o dell'alcol, scaricandosi quindi di ogni colpa. In questa fase, ciò che conta per lui, è solo la ricattura e niente altro.

Potrebbe dire che è molto dispiaciuto per te e prometterti di comportarsi meglio. Magari piangerà pure, eh si, alle volte ci riescono, e ti dirà che sei la cosa migliore che abbia mai avuto in vita sua e che non può credere di aver rovinato tutto.

Fai attenzione, sono tutte gigantesche menzogne. Vuole salvare la faccia per poi scaraventarti ancora nella spirale dell'abuso. Lui non sta affatto male per quello che ha fatto, semplicemente vuole riprendere il controllo su di te.

Magari non sopporta l'idea di un eventuale divorzio oppure non accetta il fatto di perdere i figli ma qualunque cosa sia, il motivo non sei tu. Tu sei semplicemente il solito mezzo per il soddisfacimento dei propri bisogni.

Probabilmente, arrivati a questo punto, ci saranno anche alcune scuse, qualche regalo, una lettera apparentemente sincera, magari farà qualcosa che normalmente non farebbe mai; il suo scopo è quello di farti accettare di riprendere la relazione. Ma ricordati bene di una cosa: il narcisista non ama, sta mentendo.

Nel nostro esempio, Eric ritorna e si scusa con Anna dandole in regalo un cellulare nuovo di zecca visto che il suo lo aveva distrutto in preda alla rabbia. Le fa notare che questo è l'ultimo modello costatogli un sacco di soldi e si offre di portarla a cena fuori nel miglior ristorante della città. In questa fase Eric è disposto a fare qualsiasi cosa lei voglia, sta tastando il terreno per assicurarsi che lei sia disposta a dimenticarsi di tutto e a riprendere la relazione.

Anna tentenna ma ancora non cede e gli dice che per lei è finita. Eric non reagisce e scoppia in lacrime chiedendo perdono in ginocchio. Gli promette di andare in terapia, di voler migliorare sé stesso e di chiudere la relazione con l'altra donna.

Ovviamente, tutto è una bugia ma lo dice talmente bene ed in modo così convincente che Anna finisce per credergli. Dopo qualche giorno di discussioni, Anna ed Eric decidono di riprovarci, lui ribadisce di voler andare in terapia e le consegna le prove della fine della relazione con l'altra donna. Anna gli dice che la prossima volta che accadrà una cosa simile se ne andrà per sempre. La ricattura è avvenuta.

La ripetizione

Dopo aver completato la fase di ripescaggio, la relazione ritorna allo stadio di idealizzazione. Adesso, è di nuovo tutto perfetto, le cose stanno andando bene ma, in questa fase, si avverte più che mai quel senso di angoscia relativo al fatto di conoscere ormai bene il narcisista. Lui è in grado di fare qualsiasi cosa e tu hai il terrore che tutto quello vissuto la prima volta possa ripetersi da un momento altro. E mentre all'inizio sei riuscita un minimo a goderti quel breve periodo in cui tutto andava bene, ora non riesci a rilassarti, il tuo istinto ti comunica qualcosa. E, si sa, l'istinto non sbaglia mai.

Durante questa fase, il narcisista di solito si comporta bene, almeno per un po'! E mantiene ciò che ha promesso. Non ti imbroglia, non ti ferisce, non urla e sembra veramente cambiato. Ma questo, purtroppo, non durerà più di tanto. Alla fine, il narcisista troverà sempre il modo di ricominciare il ciclo; riprenderà ad incolparti di qualcosa e, non appena il suo ego si sentirà nuovamente minacciato, la relazione precipiterà nuovamente nella fase della svalutazione e tu ricomincerai nuovamente a soffrire.

Il ciclo di abuso, come accennato sopra, varia sia in termini di durata che di intensità, a seconda del grado di narcisismo del soggetto abusante. Può durare settimane, mesi, o addirittura anni per essere completato del tutto.

In definitiva, non esiste un tempo limite alla frequenza e alla durata del ciclo dell'abuso.

Quello che è chiaro, invece, è che l'abuso integra SEMPRE tutte e cinque le fasi e quando si ripropone peggiora sempre di più nell'intensità. Relativamente alla durata invece dura meno. Tieni bene a mente che anche abbandonarti nuovamente ed in modo più veloce è un abuso.

Quindi, cara amica, la scelta è tua! Puoi scegliere di rimanere o di andartene ma in ogni caso sappi che lì fuori ci sono professionisti in grado di poter aiutare seriamente coloro che sono vittime di abusi di questo tipo.

Però ricorda, se ti senti in pericolo o stai soffrendo a causa di una relazione abusante dovresti scappare il prima possibile.

Posso suggerirti, a conclusione di questo capitolo, di cominciare eventualmente a parlare con un terapista prima ancora di decidere di terminare la relazione. Gli incontri, potrebbero infatti aiutarti a far luce e chiarire come funzionano determinati meccanismi, potrebbero altresì aiutarti a guardarti dentro e a comprendere le tue gabbie più profonde e potrebbero di conseguenza renderti meno doloroso il distacco. Ma credimi, liberarti da queste catene, oggi, è possibile. Dipende solo da te.

Capitolo 7 – Perché il narcisista ha bisogno della tua energia

Cosa ne pensate se adesso proviamo, con molta umiltà e rispetto, a guardare dentro coloro che soffrono di un disturbo narcisistico della personalità?

I narcisisti sono spesso soggetti che sono stati feriti da abusi o forme di abbandono nella prima fase della loro vita. Mancano, quindi, di importanti risorse interiori per affrontare un certo tipo di esperienze nella vita adulta. Un numero enorme di narcisisti sono difatti figli di alcolisti che hanno lottato parecchio tempo per dare un senso ad un ambiente domestico e ad un'educazione imprevedibile e violenta; oppure sono figli di genitori disfunzionali che non hanno saputo crescerli, magari non per colpa loro, in un ambiente sano.

Di conseguenza, hanno imparato a non fidarsi di niente e nessuno. Vivono un continuo senso di pericolo.

Ognuno di noi ha energie interiori che gli permettono di relazionarsi con il mondo esterno. Quando nasce un bambino, è compito dei genitori farlo crescere non solo mentalmente, emotivamente e fisicamente, ma anche da un punto di vista spirituale ed energetico. Ciò potrebbe significare, ad esempio, dare ad un bambino l'idea che esistano una forza maggiore o una coscienza superiore che vivono dentro di noi; oppure semplicemente introdurlo alle bellezze del mondo naturale o all'idea che il mondo è pieno di cose belle e persone buone.

Anche prendersi del tempo per ascoltare i nostri figli e offrire loro amore, affetto, attenzione ed esperienze gratificanti, oltre ad incoraggiarli a sviluppare amicizie sane e a godersi la vita, sono aspetti importanti di quel sostegno energetico e spirituale di cui tutti noi avremmo bisogno.

Ora, sia che questo tipo di nutrimento emotivo ci porti a credere in qualcuno di superiore, sia che ci conduca verso una pratica spirituale e un desiderio di fare semplicemente del bene nel mondo o, infine, che ci consenta di instaurare una connessione profonda e riverente verso la natura, questo rispetto per qualcosa che va al di là di noi stessi ci permette di provare un senso di amore e di connessione molto profondi.

I genitori cinici, egocentrici, dipendenti verso qualcosa o poveri spiritualmente, non possono trasmettere questo tipo di energia ai loro figli. Né possono dare loro quel nutrimento emotivo e spirituale che gli consenta, più avanti nella vita, di sentirsi visti, ascoltati e compresi.

Questi bambini cresceranno spesso imparando a manipolare e a fare i prepotenti per ottenere l'attenzione dei loro genitori, forzando l'affetto, creando un dramma infinito e ferendo continuamente gli altri. Ciò, alla lunga, porta all'abitudine di succhiare energia dagli altri, non a caso in molti testi i narcisisti vengono definiti come vampiri emotivi, piuttosto che connettersi con loro in modo naturale, bello e positivo verso la vita.

Se, ad esempio, un bambino viene completamente ignorato dai genitori fino al momento in cui magari non si ammala per poi, solo a questo punto, esser considerato con cura e attenzione almeno fino a quando non guarisce, può filtrare dentro sé stesso questo tipo di esperienza in modo negativo radicando e sviluppando la sua prima abitudine distruttiva: fare la vittima come mezzo di suzione di amore, attenzione ed energia da parte di coloro che lo circondano.

È proprio questo il motivo per cui così tanti narcisisti sembrano così aridi emotivamente! Perché il loro sviluppo a livello infantile e adolescenziale è stato interrotto bruscamente ed hanno scoperto per la prima volta che succhiando energia da tutti coloro che li circondano riescono a compensare questa carenza.

Come conseguenza di questo tipo di educazione e sviluppo, in età adulta, il narcisista, invece di trovare gioia ed abbondanza di energia nel vasto e meraviglioso mondo che lo circonda, ha una visione limitata, miope e strettamente ridotta su come si vive nel mondo e su come lui possa soddisfare i propri bisogni. Sarà costretto così a sviluppare una gamma più ampia e sofisticata di abilità per succhiare energie vitali dagli altri, elaborando schemi comportamentali particolari ed avanzando lungo il suo percorso di vita attraverso modi apparentemente infiniti, vampirizzando gli altri per rubargli attenzioni, tempo ed energia e creandosi contestualmente un 'harem' di persone prontamente disponibili ed obbedienti, vincolate, controllate e costrette ad esser vittime di un'ossessionante bullismo emotivo, ed alle volte anche fisico, per mero approvvigionamento.

La vittima s'illude ed è talmente addolcita dalla chimica che il narcisista crea durante il love bombing che accetta tutto ciò che loro fanno e dicono.

All'inizio, nulla sembra mai strano! Anche se lasciano spesso indizi riguardo qualcosa che non quadra, la vittima, purtroppo, è totalmente dipendente dalle emozioni che vive in questa fase e non vuole sentire ragioni da parte di nessuno, neanche dal suo istinto.

Per un narcisista, l'altro è semplicemente una batteria, un distributore ambulante di energia che parla e si muove. Quando in termini di affetto ed amore ti restituiscono un qualcosa che una persona normalmente sana e risolta si aspetta, loro si sentono come affaticati per il fatto che si stanno donando inutilmente, come se stessero sprecando energia vitale.

Quando nel tempo, terminato il bombardamento d'amore, smetteranno di idealizzarti, si sentiranno molto più a loro agio nella situazione perché abituati ad usare le persone anziché amarle. L'importante per loro è l'esser consapevoli che tutti i sacrifici fatti durante il corteggiamento non siano stati vani e che tu sia ormai assurdamente dipendente dal loro paradossale ma allo stesso tempo efficace atteggiamento.

Ovviamente, la vittima ora sa che è stato tutto interamente orchestrato e progettato ma, nonostante questo, continuerà a rimanere nella relazione.

Ricorda, i narcisisti sono maestri della proiezione. Hanno bisogno di farti diventare dipendente da loro perché loro dipendono dalle enormi quantità di energia vitale che tu sei in grado di somministrargli (co-dipendenza).

È importante per la tua sanità mentale che tu cominci a notare quanto poco in realtà loro ti restituiscano.

Hai notato anche quanto velocemente tornano alla persona affascinante, gentile e generosa che erano all'inizio della relazione quando tu sei inaspettatamente costretta a socializzare con altri dopo una lunga fase di isolamento e freddi maltrattamenti che hai ricevuto? Loro fiutano tutto! E tornano a controllare perché si preoccupano che il loro distributore automatico di carburante emotivo sia ancora disponibile.

Nel caso in cui tu abbia dei dubbi su alcune delle cose che il narcisista potrebbe farti mancare nella tua relazione, cose che non avevi notato mancassero anche prima perché sono state abilmente nascoste durante il bombardamento, eccoti invece alcuni esempi di ciò che potresti sperimentare in una relazione sana fondata sul dare e ricevere; una relazione in cui l'energia viene scambiata vicendevolmente da entrambe le persone piuttosto che rubata da una nei confronti dell'altra:

1. Ricevere complimenti, un grazie o qualcosa di carino anche dopo che la fase di idealizzazione e bombardamento d'amore è finita.

   I narcisisti, al contrario, hanno difficoltà a mantenere la relazione costante nel tempo. Gli servirebbe troppa energia che, invece, viene quindi utilizzata solo durante la fase di idealizzazione e di ripescaggio.

2. Ricevere spesso affetto e intimità.

   Anche questo richiede energia e fatica. Il narcisista, invece, preferisce ottenere energia dalla tua costante preoccupazione sul fatto che lui ti trovi ancora attraente o meno.

3. Includerti nei loro programmi comunicandotelo con largo anticipo.

   Il narcisista, invece, ottiene molta più energia dalle discussioni. Di conseguenza, ad esempio, farti gaslighting quando ti aveva informato dei suoi programmi in precedenza, gli offre una ghiotta occasione per cominciare a discutere per poi punirti, magari con il silenzio, quando tu invece eri già bella pronta. Ed inoltre, il fatto di farti sentire esclusa, gli da un'incredibile ed ulteriore carica di potere.

4. Incoraggiarti relativamente ai tuoi sogni, ai tuoi obiettivi di vita e di salute. Fondamentalmente tutto ciò che ti fa sentire bene è una minaccia per un narcisista. Si sentirà in

perenne concorrenza con gli altri sul fatto che la sua fonte principale di approvvigionamento lo lascerà una volta diventata troppo sicura, produttiva, autosufficiente ed in splendida forma.

5. Pianificare cose piacevoli (vacanze, week-end), festeggiare compleanni o fare regali di Natale.

I narcisisti non lo fanno perché non pensano ad altro che a loro stessi. Sono troppo impegnati a pensare a come sopravvivere energicamente. Trascorrere del tempo e dedicare energie mentali per provare a come renderti felice è uno sforzo troppo grande per loro! E gli farà sprecare solo energie inutili. Faranno di tutto durante la fase dell'idealizzazione ma successivamente ti manterranno sul filo della riserva.

Ormai non devono più impressionare nessuno. Inoltre, generalmente non sanno nemmeno cosa ti piace; probabilmente ti daranno soldi, a condizione che ricordi loro che sta per arrivare un compleanno. Tollerano poco le celebrazioni per occasioni speciali e qualsiasi altra cosa che porti troppa gioia e felicità nella tua mente e nella tua vita perché, in questi momenti, sentono di avere meno controllo su di te. Tutta la tua fiducia e il tuo ottimismo devono essere contenuti, per lui sono una minaccia.

6. Discutere in modo assertivo e focalizzato sulla ricerca di soluzioni piuttosto che sul conflitto, sul litigio, sull'insulto e sull'esclusione.

Nessuna relazione è perfetta, sempre, durante tutta la sua durata. Gli alti e i bassi ci sono e le discussioni capiteranno spesso, ogni volta che due persone esprimeranno le loro personalità individuali all'interno della relazione o di una situazione di convivenza. Ma, a differenza dei partner sani, che sono disposti a lavorare su una relazione e lottano per la sua continuazione, un narcisista si rifiuterà continuamente di validare i sentimenti dell'altra persona

ed assumersi le proprie responsabilità per un eventuale conflitto e rinuncerà ad impegnarsi in un sano e costruttivo dibattito orientato alle soluzioni. Anche qui, ci vorrebbe troppo sforzo e l'obiettivo principale del narcisista è solo quello di ottenere energia DAGLI altri e di non sprecarne nemmeno una goccia PER gli altri.

Mantenerti sul filo del rasoio, intimidita, inerme, offesa e scoraggiata, per loro, è molto più fruttuoso che costruire e risolvere una discussione in modo sano. Procurarti confusione, dolore e disorientarti rende i narcisisti più potenti e, quindi, da loro più energia e controllo.

Capitolo 8 – Perché i narcisisti prediligono le persone empatiche

La maggior parte delle persone che si interessano al narcisismo, per studio o perché interessate all'argomento, avranno sicuramente notato che ci sono incredibili somiglianze caratteriali nelle persone che loro scelgono come vittime.

I narcisisti sanno bene che le persone forti, risolte, amorevoli e sicure, con confini ben definiti e chiaramente dimostrabili, non tollereranno le loro sciocchezze. Quindi, cercano persone che sembrano avere un debole senso di sé, che manifestino un'incredibile sensibilità ed un forte senso di responsabilità sociale e generosità di spirito, oppure cercano persone che sembrano essere estremamente ansiose di compiacere gli altri e trattarli in modo equo ed etico. Possono anche scegliere vittime profondamente compassionevoli e quindi riluttanti a rinunciare facilmente alle relazioni, anche se si rendono conto che sono estremamente tossiche. L'empatico è assolutamente il candidato perfetto ad essere la vittima di un narcisista.

Gli empatici, per loro stessa natura, sono predisposti ad esser disponibili anche con persone e situazioni difficili, hanno quella meravigliosa dote di rendere generalmente tutto migliore per tutti. Quindi, nonostante i commenti ironici, sprezzanti e giudicanti su fate, unicorni e folletti cui li paragonano, i narcisisti sono attratti da questa particolare tipologia di soggetti perché li ritengono essere, ed in effetti lo sono, meravigliose fonti di luce che riescono a vedere il meglio in tutti e che probabilmente combatteranno, tigri, orsi e altre belve feroci per dimostrare che, alla fine, esiste una scintilla di bontà in tutti.

Quindi, mentre l'empatico guarda il narcisista e pensa: "Non preoccuparti, qualunque cosa tu faccia e qualunque cosa tu dica io vedo comunque del buono in te. Credo in te e so che un giorno avrò avuto ragione", il narcisista, al contrario, sta semplicemente pensando: "Gnam gnam, si mangia!"

Quello che i narcisisti amano degli empatici, a parte il volume incredibilmente importante di energia che solitamente riescono a distribuire, è il fatto che li perdoneranno all'infinito e ripetutamente qualsiasi cosa loro facciano; che sia gaslighting, che siano continue bugie o quel senso di insopportabile tensione, che sia silenzio, disapprovazione e disagio, loro saranno sempre lì, a cercar di capirli e a giustificarli.

È importante ricordare che molti soggetti empatici sono anche crocerossine nate e, come tali, disposte ad accettare che i narcisisti non siano affatto irreprensibili. E che donando loro amore incondizionato, prima o poi riusciranno a salvarli.

Riescono incredibilmente ad intravedere quel vuoto interiore, quella ferita e quel dolore così profondo causato dalla mancanza di amore e si convincono, sulla base di esagerato ottimismo, che il loro amore potrà guarire la peggiore delle ferite, colmando il vuoto interiore che è tipico della personalità narcisistica. Niente di più sbagliato.

I narcisisti sanno che il desiderio di salvare tutto e tutti è il tallone d'Achille del soggetto empatico. E presto potresti persino scoprire che quello che tu sei incredibilmente riuscita a trasmettergli in termini di comprensione, affetto, disponibilità ed amore durante tutta la relazione e nonostante la sua ignobile manipolazione e crudele ambiguità, un giorno verrà riutilizzata come tecnica di ripescaggio a seguito di un periodo di allontanamento che, come abbiamo visto, fa parte dello schema dell'abuso. Loro sono, infatti, consapevoli che ciò che vogliono possono ottenerlo facilmente con un empatico. Tutto quello che devono fare è parlare e comportarsi in un certo modo, quel modo che dia all'empatico un piccolo barlume di speranza relativamente al fatto di esser all'inizio di un meraviglioso risveglio emotivo. Quello stesso schema che, magari, tu settimane prima, hai utilizzato, in modo assolutamente naturale, con lui.

Se il piano funziona, e credetemi, funziona quasi sempre, un empatico potrebbe iniziare a credere, nonostante che l'esperienza passata li abbia dolorosamente segnati, che tutto ciò che avevano sempre pensato e sognato è davvero possibile, basta semplicemente donare amore infinito ed attenzioni. Così, sorride felicemente e alla fine sospira, immaginando che il narcisista, d'ora in poi, lo aspetterà con il fiato sospeso, gonfio di energia psichica e connesso attraverso una serie abbagliante di emozioni e sentimenti con i quali lei/lui lo nutrirà per il resto della giornata, marciante trionfalmente verso la felicità, per lanciarsi alla scoperta di un nuovo mondo interiore, magari con indosso un cappotto e pronto a partire per un'inaspettata serata a lume di candela o una passeggiata al parco. Ovviamente, il narcisista sorriderà ironicamente non appena l'empatico lascerà la stanza, magari per andare a riprendere la lettura di quel libro che parla di come donare agli altri senza chiedere mai nulla in cambio.

Dobbiamo, altresì, tener presente che quando un empatico pensa a qualcosa e comunica, invia sempre una considerevole dose di energia di cui il narcisista si servirà per diverse ore mentre loro si concentreranno per analizzare ogni sfumatura della precedente conversazione nella loro mente, continuando ad emanare onde di energia nell'universo. Infatti, dopo aver abilmente succhiato carburante ed aver nutrito di false speranze l'empatico, il narcisista sarà per buona parte della giornata pervaso da quell'aurea di vitalità che li avvolgerà in un caldo bagliore di energia per tutto il resto della giornata.

Pensieri di un soggetto empatico durante la relazione con un narcisista

Per facilitare la comprensione chiameremo lui Edward e lasceremo libertà di pensiero e sfogo ad una ipotetica vittima empatica

"Oh, non avevo capito mica che sarebbe uscito così all'improvviso! Perché Edward non mi dice mai nulla quando ha intenzione di uscire per darmi modo di pianificare il mio tempo correttamente? Perché tutto per me deve essere sempre ridotto così all'ultimo minuto? A questo punto comincio a chiedermi ancora se davvero funzionerà. Sono sicura che non ne ha mai parlato prima, ha preso ed è uscito ... mah, forse l'ha detto ma io non stavo prestando attenzione. No, sicuramente non lo ha detto. Però strano, sembrava veramente interessato all'idea del miglioramento, pensavo che avremmo potuto avere una bella discussione al riguardo".

"Mi sento così sola. Cosa faccio adesso? All'improvviso mi sento stanca. Ed in un'ora cosa posso fare? Possibile che per colpa di Edward devo perdere tutto questo tempo inutilmente? Ogni volta la stessa storia e io alla fine non riesco a fare nulla. Sono sfinita".

"Ok, d'altronde sapevo già che oggi sarebbe stato difficile perché è la sua giornata libera con gli amici; potrei dedicarmi a qualcosa di rilassante per me.
Al diavolo, tutto questo è ridicolo. Non ho fatto niente neanche oggi. Ma sarà veramente interessato a stare con me. Ne era convinto o lo stava solo dicendo?
Forse sta cambiando un'altra volta? Non lo so. Ma perché adesso?
Forse è il caso che questo finte settimana vada a stare con i miei, ho bisogno di un po' di tempo per riflettere. Tutto questo non ha

senso. Vado a sdraiarmi un po', ho bisogno di riposare. Anzi no, ho voglia di una bella tavoletta di cioccolata".

"Ho perso il conto delle volte che ho vissuto situazioni di questo tipo.
Poi, dopo qualche ora magari il mio telefono squillava, era Edward che stava tornando a casa. Mi chiamava per chiedermi se volessi qualcosa visto che stava passando dal supermercato. Edward amava la routine; e odiava quando le cose cambiavano anche solo leggermente. Lo sapevo perché il più piccolo ed insignificante cambio di abitudine era una delle cose che lo faceva arrabbiare di più.
Così, ho sempre cercato di rispondere con calma al telefono, lui si aspettava questo. Lì per lì, non ci sarebbero stati problemi seri se non l'avessi fatto ma, sicuramente, sarebbe stato notato! E se qualche giorno dopo avessi provato a chiamarlo per una cosa banale, non ci sarebbe stata risposta. Così, avrei capito che, come sempre, qualcosa non andava".

Fondamentalmente la mente di una persona empatica, quando è in una relazione con un narcisista, è un continuo vortice di pensieri ossessivi dai quali si evince quella totale ed incondizionata abnegazione al narcisista che, al contrario, se ne sta quasi sempre beatamente per i fatti suoi, sicuro di avere sempre qualcuna/o a disposizione.

Concludendo, possiamo dunque dire che il narcisista apprezza e sfrutta fino in fondo l'infinita disponibilità e gentilezza della persona empatica che, con quell'incrollabile convinzione che tutti, per quanto crudeli, instabili e problematici meritino amore e affetto, è sempre pronto a dare tanto ma al tempo stesso a ricevere poco in cambio.

Il narcisista, in un certo senso, prende il sopravvento sull'adorazione senza limiti dell'empatico e, addirittura, ottiene, paradossalmente, persino una discreta quantità di energia dalla sua costante incertezza e dalla sua intima frustrazione che nulla cambi mai per davvero. Inoltre, si sente anche al sicuro perché ha la consapevolezza che l'empatico non si arrenderà mai a lui e alla sua capacità di mantenerlo facilmente nel ruolo di vittima. Ed è fiducioso, se molto intelligente (ci sono anche i narcisisti non intelligenti, un disastro), sul fatto di poter avere un approvvigionamento energetico per tutta la vita.

Ricorda anche questo: se stai pensando ad un narcisista, gli stai inviando energia. Gli empatici tendono ad ossessionarsi molto facilmente poiché riescono a captare ogni respiro del vento che cambia, avvertono prima ogni bivio su di una strada incerta e pericolosa e sentono ogni corrente spostarsi improvvisamente! Non c'è quindi da meravigliarsi se un narcisista può ricacciarti nella sua rete con il più piccolo barlume di affetto.

Il disprezzo e la freddezza spesso distribuiti da un narcisista, possono generare una ferita molto profonda per chiunque. Ma per chi ha un'empatia smisurata, essa potrebbe essere ancora più tagliente. Ed il ricordo di quei primi inebrianti giorni di bombardamento d'amore, quando il narcisista distribuiva baci, carezze e regali come ad una festa e favori e abbracci come se stessero andando fuori moda, può diventare un'ossessione senza speranza per un empatico. Il problema è che quegli abbracci, ormai non ci sono più, o forse non ci sono mai stati per davvero; ma niente e nessuno, ed è questa la cosa più bella, potrà mai spegnere la luce che una persona empatica riesce a donare indiscriminatamente a chiunque. E questo, è sicuramente un punto da cui poter cominciare a cambiare nel migliore dei modi. Un empatico è e sarà sempre un passo avanti a tutti gli altri, deve semplicemente riuscire a riequilibrare un po' tutto e a sviluppare quella parte maschia, determinata e forte che per troppo tempo è rimasta addormentata nel profondo della sua anima.

Val la pena, arrivati a questo punto, aggiungere determinati elementi e fare qualche ulteriore considerazione per avere le idee più chiare sugli individui che soffrono del disturbo narcisistico della personalità.

I narcisisti sono persone che hanno seppellito la loro vera espressione di sé e l'hanno sostituita con una persona (falso sé) alternativa altamente sviluppata e che spesso si presenta in modo autoreferenziale, arrogante e grandioso.

Nella cultura popolare, si ritiene che un narcisista sia un individuo innamorato di sé stesso.

Per essere più precisi, è una persona che è innamorata di un'immagine di sé idealizzata che mostra a tutti per nascondere il vero sé ferito e senza diritti. In verità, anche se non riescono ad ammetterlo, la maggior parte di loro non si piace.

Con un disordine narcisistico della personalità così diffuso nella società moderna, è molto probabile incontrare, durante la propria vita, personalità di questo tipo. Tuttavia, come già detto, non è sempre facile identificarli a causa della loro capacità di nascondere gli aspetti più inquietanti della loro personalità. Alcuni di loro, all'inizio, possono sembrare abbastanza amichevoli e affascinanti.

Dovremmo ormai aver ben chiaro che quando la maschera del narcisista viene meno, è come ritrovarsi in mezzo ad un oceano senza terra in vista e l'abuso narcisistico, che trova terreno fertile in una simile situazione, può spesso portare ad una sorta di trauma emotivo, mentale, fisico, psicologico e persino verbale.

Sanno esattamente cosa fare per condurre le loro vittime oltre il limite; non provano rimorso per il dolore che stanno causando e non mostrano alcun segno di arresto. Pertanto, è importante imparare ad individuare e prevenire futuri abusi narcisistici.

Nell'attuale cultura guidata dalle celebrità e ossessionata dai selfie, le persone tendono ad usare la parola narcisismo per descrivere individui che sembrano pieni di loro stessi ed eccessivamente vanitosi.

Tuttavia, in termini psicologici, le persone con disturbo narcisistico della personalità sono innamorate di un'immagine gonfiata e perfezionata di loro stesse che li aiuta a scappare dai loro veri sentimenti.

Ora, mentre è sicuramente utile affrontare l'abuso narcisistico quando esso si verifica, sarebbe ancora meglio essere in grado di far capire ad un narcisista di essere un bersaglio indesiderato.

Seguendo determinati passaggi, sarai in grado di renderti molto meno desiderabile come vittima di persone con questo disturbo della personalità.

Come prima cosa, bisogna tener presente che quando tu manifesti in modo estremamente chiaro che non sei disposta a dare al narcisista la fonte di approvvigionamento che lui desidera, è probabile che verrai scartata del tutto. Questo, è ovviamente lo scenario migliore quando si ha a che fare con un narcisista. Senza la luce dei suoi riflettori puntata addosso, sarai libera di vivere la tua vita senza rischiare di finire nella rete dell'abuso narcisistico. Le persone con il disturbo narcisistico della personalità non credono di avere un problema, motivo per cui questo disturbo è così difficile da curare.

Pertanto, spetta ad altri, in particolare alle potenziali vittime degli abusi narcisistici, identificarle e adottare le misure necessarie per fermarli prima che l'abuso si manifesti.

I tratti narcisistici possono facilmente tradursi in abusi. Li abbiamo in parte già analizzati sopra ma più dal punto di vista del narcisista. Ora, rivediamoli da una diversa prospettiva, quella della vittima, individuando in essi segnali comuni di abuso narcisistico a cui prestare attenzione:

Tendono a circoscrivere e ridurre il mondo delle altre persone

Un maltrattatore narcisista, essendo un maniaco del controllo, cercherà di ridurre al minimo il tuo mondo. Da soggetto possessivo e geloso qual è, potrebbe impedirti di visitare o chiamare amici e familiari. Ti manipolerà fino al punto di farti credere che le tue priorità siano tutte fuori luogo ed in breve tempo, il tuo mondo diventerà sempre più piccolo ed insignificante.

Scaricano sempre la colpa sugli altri

Secondo il loro modo di pensare, è sempre colpa di qualcun altro. Se le loro vittime fanno qualcosa che a loro non piace, sono da biasimare. Quando, invece, sono loro a far qualcosa che non piace alle loro vittime, queste saranno automaticamente le responsabili di quel comportamento. Inoltre, gli errori delle loro vittime sono sempre ingiustificabili mentre i loro errori hanno sempre giustificazioni ragionevoli. Negheranno ferocemente che il loro comportamento manipolativo ed offensivo sia sbagliato ed accuseranno le loro vittime di prendere le cose troppo sul personale e di essere troppo sensibili.

Proiettano i loro inquietanti tratti di personalità sugli altri

Un narcisista difficilmente ammetterà di essere un maniaco del controllo. Piuttosto, sarà la sua vittima, ovviamente egoista, ad esigere e controllare. Un narcisista ama nascondere molte cose alla sua vittima e, allo stesso tempo, la accuserà di avere segreti o mentire.

Purtroppo, in determinate situazioni, la vittima, stanca e ansiosa, dovrà anche stare attenta a fare cose che avrebbe tutto il diritto di fare tranquillamente come, ad esempio, visitare un membro della famiglia, semplicemente per evitare un violento litigio o una punizione. Quando il narcisista lo scoprirà la farà sentire in colpa inasprendo i comportamenti di controllo e manipolazione.

Impongono regole per soddisfare le loro esigenze

Avere ragione in una discussione con un maltrattatore narcisista è quasi impossibile, loro fanno un'enorme fatica ad ammettere di avere torto. Pertanto, quando un partner li accusa di mentire o manipolare, troveranno sempre un modo per farlo sentire sciocco o isterico.

I narcisisti hanno un enorme senso di diritto e credono di esser immuni alla maggior parte delle regole. Al fine di controllare la vita del loro partner, tuttavia, lo manipoleranno o lo costringeranno a seguire quelle stesse regole che loro si rifiutano di rispettare.

Ti inducono a pensare di essere pazza

I narcisistici amano confondere le loro vittime fino al punto di farle dubitare di loro stesse, delle loro percezioni e dei loro sentimenti (gaslighting). In realtà, questo è proprio uno dei motivi principali per il quale le vittime rimangono in relazioni abusanti. Cominciano a credere che ci sia qualcosa di maledettamente sbagliato in loro, che il narcisista ha ragione a biasimarli e che nessun potrebbe veramente amarle.

È interessante notare che un narcisista raramente entrerà in una relazione con un altro narcisista. Generalmente, preferiscono stare con persone che tendono a focalizzarsi sui propri difetti sforzandosi di essere cooperativi al fine di eliminarli. In sostanza, cercano persone disposte a dare molto senza pretendere quasi nulla in cambio.

Vogliono avere sempre l'ultima parola

Un narcisista cercherà sempre la vendetta, ogni volta che si sentirà ferito, ridicolizzato o contestato. Questo modo di reagire è il prodotto di ciò che in psicologia viene definita ferita narcisistica.

Una persona con un così grande senso di sé deve sempre avere l'ultima parola. Ad un livello meno grave, questa vendetta si manifesta mediante silenzi, l'invio di messaggi di rabbia o parole più o meno offensive. Nei casi più gravi, invece, il narcisista può arrivare a punire il proprio partner finanziariamente, fisicamente o magari mettendogli contro figli. In alcune situazioni, anche ad esempio anni dopo una separazione, alcuni narcisisti contattatano i loro ex-partner per insultarli o minacciarli.

Vediamo ora, praticamente, come poter prevenire abusi nelle relazioni, di qualsiasi tipo esse siano (amicali, lavorative o sentimentali).

Come abbiamo già visto, esistono diversi livelli di abuso narcisistico. Ovviamente, sopportare le forme lievi è più facile ma, comunque, sempre stressante farlo. La soluzione migliore, quindi, è quella di essere cauti, prendere consapevolezza relativamente al disturbo ed imparare ad evitarlo.

Questi maltrattatori alimentano i sentimenti dolorosi delle loro vittime. In sostanza, acquisiscono forza facendo sentire le altre persone deboli, questa è l'unica cosa che conta davvero per loro. Che si tratti di una relazione familiare, professionale, romantica o di semplice conoscenza, chi soffre di narcisismo troverà sempre il modo di dominare e manipolare gli altri allo scopo di alimentare la sua grande immagine. Per loro, le altre persone non sono altro che una fonte di adulazione ed attenzione.

Alcuni modi efficaci per prevenire futuri abusi narcisistici includono:

- Scegliere attentamente le relazioni e mantenere le distanze dalle persone che mostrano tratti narcisistici. Questo è molto importante perché se sei appena uscita da una relazione narcisistica devi fare molta attenzione per evitarne altre.
- Lasciar perdere altre storie, almeno inizialmente.

- Permettere a te stessa di innamorarti di qualcuno solo dopo averlo conosciuto bene ed avere la quasi certezza che non sia un narcisista.

- Smettere di provare a cambiarlo. Piuttosto interrompi la relazione se la situazione è troppo difficile da gestire. Non potrai mai cambiare le altre persone, non funziona. Alcuni possono fingere per un po' ma, alla fine, la loro natura verrà sempre fuori. Devono esser loro a DECIDERE di cambiare.

- Stabilire confini in OGNI relazione e conoscere bene i propri diritti. Non appena ti rendi conto che l'altra persona si sta avvicinando troppo in termini di prevaricazione, preparati ad andar via.

- Cercare sostegno in sé stessi, nei membri della famiglia e negli amici intimi. Una persona non può e non deve avere così tanto potere su di te.

- Imparare a dire NO. Usa una comunicazione efficace e sii più decisa. Lascia che il tuo NO significhi esattamente questo e non intrattenerti più con qualcuno che non rispetta questo.

- Mantenere il buon umore e mostrare compassione se la situazione è mite. Non cadere nel tranello di rovinare una buona frequentazione perché qualcosa, inizialmente, potrebbe sembrarti strano. Sii cauta. Non sono tutti come il tuo ex.

- Insistere sulla cooperazione e sul rispetto reciproco. Raggiungerai questo obiettivo attraverso una comunicazione assertiva e corretta.

- Smettere di scusarsi per errori che NON HAI commesso. Questo può essere un segno di debolezza di cui l'altra persona potrebbe approfittarsi per trarne vantaggio e farti sentire inferiore.

- Non prendere le cose troppo sul personale. Non sempre gli altri vogliono dirti quello che tu interpreti. Lavora su come filtrare bene ed in modo corretto la comunicazione degli altri.

- Se la situazione è troppo complicata non tornare più indietro. Lasciala andare e prova tutto il possibile per starne lontana.

Più nello specifico:

Riduci al minimo i contatti

Meno contatti hai con un narcisista, meno possibilità lui avrà di abusare di te. Se ti rendi conto che qualcuno che stai frequentando è un manipolatore perverso dovresti fare tutto il possibile per avere il minor contatto con lui. Se sei lontana da lui, se eviti di passarci del tempo assieme, non potrà ottenere carburante da te né aver motivi per molestarti. Non potrà quindi manipolarti, non potrà farti sentire in colpa e non potrà abusarti. Certo, potrà sempre provare ad intraprendere campagne diffamatorie nei tuoi confronti ma, standogli lontana, ridurresti al minimo le possibilità in quanto, nella diffamazione, un certo livello di prossimità si presuppone sempre. Infatti, se il narcisista non ti è mai stato tanto vicino, sarà poco probabile che qualcuno lo prenda sul serio quando proverà a diffondere pettegolezzi su di te. Per farti terra bruciata intorno devono conoscerti bene, di conseguenza, se gli stai lontana, non avranno modo di farlo.

Il narcisista potrà provare a provocarti per farti entrare nella comunicazione facendo leva sulle comuni regole che impongono una certa conformità alle situazioni ma tu non arrenderti. È solo un trucco destinato a creare in te la paura di essere vista come maleducata, paura che quasi tutti noi abbiamo radicata dentro fin da bambini. Sta solo cercando di afferrare la cannuccia per attaccarsi a qualcosa attraverso cui cominciare poi a manipolarti. Non cadere in questa trappola, nemmeno se apparentemente potrà sembrarti potenzialmente una comunicazione piacevole.

Non arrenderti mai a richieste o pressioni di un certo tipo

I narcisisti sono molto abili nell'irretire e sedurre gli altri. Loro sono come un bambino che si comporta in modo incessante e proveranno àncora ed ancora ad importunarti verbalmente per ottenere attenzioni. Alla fine, potrebbero logorarti così tanto da farti arrendere. Il narcisista punta esattamente a questo! Cerca quindi di evitarlo, non cedere mai alle sue pressioni e ricordati che loro fanno sempre la stessa cosa con quell'irrimediabile e folle schema che ormai dovresti conoscere. Se vuoi un risultato diverso devi esser ferma nella tua decisione.

Potrà aiutarti anche il fatto di non rispondere mai, di mantenere quel famoso contatto zero che va tanto di moda. Non cedendo, alla fine il narcisista capirà che sei inflessibile e difficile da manipolare, concludendo quindi che non ne vale la pena.

Se ti arrenderai dopo le incessanti richieste, lui potrebbe interpretarlo come un eterno e possibile segnale di apertura da parte tua ed in futuro potrebbe riproporre questo comportamento per ottenere lo stesso risultato.

Ricorda che questo comportamento non è diverso da quello di un bambino che ti molesta per ottenere il gelato e rifiuta di arrendersi. Mantenere la calma sarà la parte più difficile, soprattutto quando cercherà di stimolare il tuo senso di colpa.

Se proprio vuoi, puoi provare a farlo smettere comunicandogli con fermezza che non hai più intenzione di avere a che fare con lui, se continua, non rispondere. Alla lunga, il narcisista cederà e la tua salute mentale ti ringrazierà.

Difendi i tuoi valori

È probabile che il narcisista cercherà di spingerti fuori dalla tua zona di comfort nella speranza di coartarti a fare le cose che lui vuole, anche se tu ti senti a disagio con le sue richieste. Se non ti senti a tuo agio, se provi imbarazzo o fastidio nel fare qualcosa, come quando ti viene chiesta ad esempio qualche pratica sessuale curiosa, allora è accettabile tirarsi indietro.

Sicuramente, i tuoi valori, l'integrità del tuo codice morale, sono molto più importanti del soddisfare le esigenze di un narcisista che non ha riguardo delle altre persone e dei loro sentimenti.

Non importa quanto il narcisista cercherà di spingerti a farti fare cose che non vuoi, non confondere questo comportamento come segnale di grande interesse nei tuoi confronti. Se son cose che violano il tuo codice morale o i tuoi valori, sentiti libera di rifiutare.

Tieni sempre presente che il narcisista non si preoccupa molto delle convenzioni sociali. Questo non significa che per assecondarlo devi rinunciare al rispetto per esse. Ripeto, se insiste, rifiuta e non ti arrendere.

Alla fine, ti sentirai molto meglio, avrai mantenuto la tua integrità e rispettato i tuoi valori e proverai un senso di felicità oltre che una maggiore autostima. Il narcisista andrà a cercarsi qualcun'altra disposta a fare tutto ciò che lui chiede, tu finirai nella sua lista di persone troppo difficili da manipolare e lui, difficilmente (con questi soggetti non bisogna mai dare niente per scontato), continuerà a cercarti in futuro.

Evita le interazioni faccia a faccia

Potrà capitarti di esser costretto a comunicare con un narcisista sia perché ci lavori, sia perché hai un rapporto di parentela con lui. In questi momenti dovresti cercare di gestire la situazione evitando di comunicare spesso con lui, soprattutto faccia a faccia. Fallo piuttosto per iscritto, non dandogli così la possibilità di distorcere quello che dici. Sarai così in grado di mantenere la calma e potrai avere tutto il tempo necessario per rispondergli. Lui, dal canto suo, non potrà manipolare le tue emozioni per ottenere ciò che vuole né potrà provare ad insistere su qualcosa non potendoti incolpare di avergliela promessa.

Potresti anche registrare le conversazioni grazie all'esistenza di diverse applicazioni.

Purtroppo, è quasi impossibile evitare completamente tutte le interazioni faccia a faccia, ma, se riuscirai a ridurle al minimo, sarà un buon punto di partenza.

Comunicando per iscritto, sarai inoltre in grado di rispondergli più facilmente pensando prima a cosa dire e potresti persino scoprire che il narcisista è più attento e formale con una comunicazione scritta in quanto ben consapevole di non poter esercitare i suoi continui tentativi di manipolazione.

Scegli bene le parole da usare

I narcisisti reagiscono molto facilmente e dire qualcosa nel modo sbagliato può trasformare molto velocemente una situazione calma in una discussione violenta e rabbiosa. Saper scegliere le parole da usare con un narcisista è molto importante. Dovrai esser chiara e diretta in modo tale che non ci sia mai ambiguità e che il narcisista non abbia alcuna possibilità di distorcere quello che dici. Assicurati altresì di evitare tutto ciò che lui potrebbe interpretare come un affronto poiché è probabile che reagisca male.

Se, ad esempio, hai bisogno di chiarire qualcosa con un narcisista relativamente ai tuoi sentimenti cerca di comunicarlo in modo calmo ed assertivo piuttosto che con parole che potrebbero esser interpretate come un attacco personale. È meno probabile che lui si offenda se utilizzi critiche costruttive ma presta comunque attenzione perché i narcisisti sono molto abili a catapultarsi nel ruolo di vittima, anche quando i fatti sono completamente dalla parte tua.

Evita di giudicare

Oltre a prestare attenzione a quello che dici, evita di dare giudizi, in particolare quando si tratta di giudizi negativi. Il narcisista sicuramente si crogiolerà per qualsiasi giudizio positivo, come ad esempio dire che la cravatta che indossa è bellissima e tu la adori più di qualsiasi altra (se il giorno dopo ne indosserà un'altra fai lo stesso, tanto è uguale).

Tuttavia, se il giudizio è negativo o percepito come tale, tipo che la sua cravatta è molto bella ma il nodo è fatto male e che quindi dovrebbe stare attento la prossima volta che lo fa, allora è probabile che lui reagisca male.

Allo stesso modo, non etichettare mai! Non dire mai ad esempio "quello che stai dicendo è inutile". Lui non risponderà gentilmente e tu avrai maggiori probabilità di causare un litigio ed un risentimento peggiore. Piuttosto, un bel "ho finito con questa conversazione" seguito da un saluto lo lascerebbe sul posto allibito come un ebete.

Quando è possibile evita il confronto

A volte, potrebbe convenire non interromperlo o correggerlo qualunque cosa il narcisista stia dicendo o facendo nei tuoi confronti. Meglio fargli credere di aver ragione e non reagire ulteriormente per non dargli modo di alimentare la spiacevole situazione. Al narcisista piacciono le persone che, nell'ambito di un qualsiasi confronto, non lo contraddicono mai, ama sentire di avere il controllo della situazione. Ma, allo stesso tempo, se ti rifiuti di impegnarti nella conversazione, lui continuerà a parlare da solo fin quando, alla lunga, dopo interminabili monologhi, questo particolare e curioso individuo ti catalogherà nel suo libercolo come una perdita di tempo e, probabilmente, comincerà a cercare qualcun altro. Anche in questo caso, la tua salute mentale farà i salti di gioia.

Ricorda, c'è una differenza sottile ma molto forte tra il non confrontarsi e l'evitare delicatamente qualsiasi discussione che non è costruttiva. Se eviti di arrivare allo scontro, non significa che gli stai concedendo il controllo della situazione. Al contrario, il rifiuto di impegnarsi in un confronto alle sue condizioni, mantiene il potere strettamente nelle tue mani. E al narcisista non piace affatto quando le persone si rifiutano di concedergli il potere di fare ciò che vuole. Se quindi tu mantieni il potere non scodinzolando a comando, andrà altrove, da qualcuno che è più facile manipolare.

Riconosci il tuo valore e non mollare mai

Per evitare di essere vittimizzato e quindi di essere preso di mira dal narcisista, devi imparare a riconoscere il tuo vero valore. Tu sei abbastanza brava e meritevole di amore, felicità, successo e rispetto, a prescindere dal fatto che il narcisista sia d'accordo o meno. Se riuscirai a non permettere al narcisista di convincerti del contrario, sarai in grado di evitare la maggior parte degli abusi narcisistici. Il narcisista cerca persone disposte ad accettare la sua ignobile e sottile svalutazione. Scoprendo il tuo valore, stai facendo esattamente il contrario di quello che lui vuole.

Sostieni quindi la tua morale, sostieni i tuoi valori e difendi il tuo diritto alla decenza umana che è il presupposto fondamentale di ogni relazione sana. Se cambierai in questo senso, è molto probabile che il narcisista non sarà attratto da te perché capirà che non sei così facile da manipolare.

Impara ad essere assertiva

C'è una linea molto sottile tra l'essere assertivi e l'esser aggressivi. Esser assertivi significa esser fermi nelle proprie decisioni e sostenerle fermamente.

Non devi, quindi, esser disposta a permettere al narcisista di convincerti a fare qualcosa che tu hai deciso di non fare semplicemente perché non sai come importi. Devi difendere i tuoi confini ma senza esternare rabbia e risentimento. Devi esser calma, razionale ed equa nelle circostanze ma non disposta a cedere.

Quando sei aggressiva, sei emotiva, non riesci a controllare le emozioni ed il narcisista adora questo tipo di situazioni. Sfrutterà ogni tua emozione a suo vantaggio per manipolarti ed indurti a fare ciò che lui vuole.

Se sarai aggressiva nel difendere i tuoi confini, il narcisista sarà in grado di afferrarti verbalmente. Con l'assertività, invece, gli imponi un confine e lui non riuscirà ad entrare efficacemente nella discussione. Difficilmente potrà andare a piangere da altri sostenendo che sei stata violenta; la fermezza e l'assertività ti permetteranno di uscire dalla situazione in modo fermo e deciso. La tua autostima ti ringrazierà.

Non proteggerlo

Per ultimo, ricorda che il modo migliore per proteggerti dall'abuso è proteggere prima di tutto te stessa.

Non provare mai a giustificare i suoi comportamenti ambigui e non tentare mai di giustificare ciò che ha fatto. Quello che fa quando cerca di manipolarti è sbagliato e cattivo. Fine della storia. Se fai finta di niente gli stai solo permettendo di continuare ad abusare di te. E l'abuso continuerà aumentando nell'intensità. Potrà capitari di dire agli altri che lui è invadente ma per altre cose non è poi così male. Questa è vergogna tossica ed è un altro grossissimo errore. È molto probabile che anche loro diventeranno indirettamente sue vittime semplicemente perché gli è stato detto, fra le righe, che tu tolleri i suoi comportamenti. È un semplice meccanismo inconscio di condizionamento! Le persone si arrenderanno alle tue giustificazioni e saranno condizionate a pensare che lui non è cattivo, offensivo, dannoso e manipolatore rendendolo quindi idoneo alle tue attenzioni.

Sono meccanismi molto sottili ed indotti dal narcisista.

Quando, invece, il narcisista cercherà di manipolarti e tu gli dirai chiaramente e con fermezza che ti rifiuti di tollerare un simile comportamento e non intendi più impegnarti ulteriormente, gli starai chiarendo che non intendi più giustificarlo e lui non avrà più voglia di restare con qualcuno non più facilmente manipolabile e se ne andrà via, a cercare qualcun'altra disposta a tollerare i suoi giochetti infantili.

Lasciare andare una relazione può essere molto difficile, soprattutto se una persona ha investito mesi o anni in essa. Tuttavia, se all'interno di questa esistono e proliferano abusi, bisogna decidersi a lasciar andare il sogno di una relazione perfetta. È solo un sogno che, purtroppo, non si realizzerà mai.

In fin dei conti, una persona con un disturbo narcisistico della personalità non è un partner sano per nessuno di noi e necessita di cure prima che rovini la sua vita e quella degli altri. Ma invece di ostinarsi a stare con persone di questo tipo, nella speranza che prima o poi cambieranno, è meglio imparare a stare da soli dedicandosi a sé stessi e ad attività sane che, magari, siano in grado di sviluppare le proprie passioni ed i propri talenti.

Non c'è nulla di sbagliato nel voler prevenire abusi in futuro. L'unica cosa cui bisogna prestare attenzione è che le esperienze del passato non devono in alcun modo inquinare il nostro futuro.

Quando si è in relazione stabile con una persona narcisista, raramente si riesce a mantenere la calma.

Si vive un'esperienza estremamente viscerale, si avverte un misto di disgusto, impotenza, sorpresa, rabbia e, in base alla situazione, delusione o imbarazzo e tutto questo si percepirà nel profondo.

Le relazioni narcisistiche, al giorno d'oggi, cominciano ad esser abbastanza frequenti, potrà capitarti di incontrare persone che sono state abusate, altre che sono nel bel mezzo di una relazione narcisistica, altre ancora che ne avranno sentito parlare. In un modo o nell'altro, tutte queste persone saranno in un certo senso segnate direttamente o indirettamente da questo benedetto narcisismo che taglierà il loro animo come farebbe un coltello affilato.

Cosa bisogna fare allora quando si incontra qualcuno che manca di empatia, che ha un costante bisogno di ammirazione ed è arrogante, egocentrico e che ti incolpa di tutto avendo l'audacia e la sfacciataggine di vantarsi costantemente di sé stesso? Come prendersi cura di sé stessi quando si incontra qualcuno del genere?

Potrebbe servire affrontare la situazione e parlarne con lui quando si provano emozioni così forti e contrastanti? Certo, apparentemente, potrebbe sembrare il modo migliore per affrontare la situazione ma un narcisista non si preoccuperà mai di come ti senti veramente. La maggior parte dei confronti con i narcisisti non aiutano. E di certo non sopiscono il tuo disgusto, la tua impotenza o la tua rabbia.

Durante la discussione tutto ti si ritorcerà contro.

C'è stato un tempo, anni fa, in cui dovevo relazionarmi, per forza di cose, con un narcisista e questa persona era una persona a cui tenevo davvero. Ho passato ore a scrivere idee su un quaderno per formulare risposte ponderate ed in un certo senso prepararmi. Ho provato a condividere ciò che stavo provando ed ero anche consapevole di come si sentiva l'altra persona e di ciò che poteva passare per la sua mente. Tutto quello che ho ricevuto in cambio è stata rabbia e senso di colpa. Questo mi ha colpito molto! Come ha potuto reagire così nonostante lo sforzo che ho fatto per metterlo al corrente di come mi sentivo?

Come gestire quindi una relazione in cui per svariati motivi non possiamo allontanarcene del tutto? Come rispondere ad un narcisista? Diamo un'occhiata a questi suggerimenti, considerando che la loro realizzazione sul pratico presuppone un certo grado di consapevolezza di noi stessi cui tutti quanti dovremmo ambire.

Cerca di guardarlo sempre nella sua totalità

Non fissarti solo su ciò che ti sembra buono, guarda all'immagine più grande di quella persona. Non potrai aspettarti di cambiarlo o controllarlo ma potrai cambiare il modo in cui lui controlla o influenza te.

Chiediti sempre cosa conta di più per te, in ogni situazione.

Un narcisista sa come coinvolgerti. Ma spesso il coinvolgimento ti consumerà completamente. I loro modi di fare ti distruggeranno e per questo sarà importante realizzarlo in tempo piuttosto che quando ormai sarà troppo tardi. Osservarlo con distacco, ed appunto nella sua totalità, ti aiuterà molto.

Lui è solo uno tra gli oltre 7 miliardi di persone su questo pianeta. Perché dovresti lasciare che questa unica persona abbia così tanto potere sulle tue emozioni?

Valorizza i tuoi punti di forza

Prendi un quaderno, siediti e con calma comincia ad identificare quali sono i tuoi punti di forza. Scrivine almeno cinque e ripetili ogni giorno, magari appena ti svegli. Tienili bene a mente quando interagisci con un narcisista.

È sicuramente difficile confrontarsi con qualcuno che quotidianamente ti rende difficile vivere serenamente. Potresti quindi decidere di evitare completamente determinate situazioni ma questo, spesso, oltre a non essere sempre possibile, può comportare altri problemi. Ad esempio, se ti allontani da una situazione che ti genera ansia, l'ansia potrebbe peggiorare.

In caso di situazioni tossiche, ovviamente, dovresti evitare di rimanerci dentro perché rischieresti seriamente di esser messa in ginocchio ma quando sarai costretta a farlo, far leva sui tuoi punti di forza potrebbe giovarti. Ti aiuterà a regolare le tue emozioni e di conseguenza sarà facile per te gestire i tuoi impulsi quando sei vicino ad un narcisista.

Usa il narcisista per conoscerti meglio

Questo è un aspetto che ritengo essere molto importante. Non potendo, magari momentaneamente, separarsi dal soggetto abusante, per motivi che non compete a me definire, potresti usare la relazione con lui per conoscere meglio te stessa. Come? Cominciando a chiederti quali sono le caratteristiche o i comportamenti che lui esprime o che omette e che non sono in linea con quello che tu sei. Dovrai quindi passare un po' di tempo a cercare di capire che cosa ti destabilizza e cosa ti da fastidio. È infatti probabile che lui sottovaluti degli aspetti che per te, al contrario, sono molto importanti. Io li definisco i tasti di scelta rapida. Se qualcuno, alla lunga non si manifesta in linea con determinate caratteristiche che per te sono fondamentali (i tuoi tasti di scelta rapida), tu percepirai un certo sbilanciamento di valori e la tua conoscenza interiore ed il tuo potenziale di cambiamento cresceranno a dismisura grazie alla conoscenza indiretta, derivante dal rapporto tossico con il narcisista, dei tuoi tasti di scelta rapida. Ti sarà alla fine possibile utilizzare questa conoscenza a tuo vantaggio in caso di conflitti o problemi.

Mantieni intatta la sensibilità verso gli altri

Da persona empatica sarai estremamente sensibile verso gli altri. Questa è una caratteristica molto importante delle persone che si incagliano in una relazione con una personalità narcisistica. Molto spesso, l'aver frequentato per molto tempo un narcisista o l'esser stata stabilmente in una situazione di convivenza di lungo periodo con un soggetto di questo tipo, potrebbe portare ad un certo indurimento dell'animo con contestuale perdita di quella sensibilità emotiva molto rara al giorno d'oggi. Questa è una cosa che devi assolutamente evitare. Ritengo che le persone empatiche abbiano, rispetto a tutte le altre, una marcia in più. Anche in questo senso, salvaguardare l'empatia durante una relazione abusante, potrebbe esser un ottimo punto di partenza in quel processo di guarigione che un giorno ti avrà trasformato in una persona incredibilmente migliore di quanto già non fossi prima. Quindi, amica mia, prendi spunto da questo libro, fai tuoi determinati concetti e approfondisci il tutto con la lettura di altri testi e magari anche con l'aiuto di un professionista. Prenditi cura di te stessa ogni giorno perché il narcisista non lo farà mai.

Capitolo 11 – Quando ricominciare ad innamorarsi

Dopo aver attraversato l'orribile e buia galleria dell'abuso narcisistico, dopo aver affrontato l'intero percorso di guarigione ed esser arrivati all'accettazione di sé, il solo pensiero di uscire di nuovo con qualcuno/a può sembrare scoraggiante.

Inoltre, va precisato che il viaggio di guarigione, per chiunque decida di cambiare e non solo per una persona vittima dell'abuso narcisistico, dura tanto ed è un percorso molto intricato. Non spaventatevi, in fondo, non si finisce mai di imparare no?

Potresti chiederti, quindi, se verrà mai un momento in cui sarai pronta ad uscire di nuovo e a riprenderti la tua vita.

È anche del tutto possibile che tu sia ormai talmente spaventata al solo pensiero di una relazione romantica proprio perché sei stata vittima di un narcisista che ti ha, in un certo senso, rovinato la vita.

Bene, vediamo...

Paranoia relativa al fatto che adesso chiunque sia un narcisista

Adesso, è del tutto normale pensare che ogni persona che incontrerai durante la tua nuova vita potrebbe essere un narcisista. Per questo, potresti addirittura decidere di evitare di uscire, di aprirti al prossimo o persino iniziare a cercare segnali di narcisismo in tutte le nuove e probabili frequentazioni che ti si presenteranno perché questa volta, giustamente, vorrai proteggerti da un eventuale e secondo trauma.

La paura di uscire e riprendere frequentazioni romantiche è uno dei prodotti dell'abuso narcisistico. La ferita, il rifiuto, la violenza e la manipolazione ripetuti nel tempo possono segnarti profondamente fino al punto di generare in te la paura dell'intimità. Potresti anche cominciare a diffidare da tutto e tutti a causa del precedente errore che hai fatto fidandoti di un narcisista e questo pessimo stato d'animo potrebbe, appunto, impedirti di cercare nuove situazioni e riprendere una vita sociale ed affettiva normale.

La decisione di chiuderti in te stessa potrebbe manifestarsi in diverse forme: negazione, rabbia, dare sempre la colpa agli altri, tenersi completamente occupata con il lavoro e altre attività per cercare di mantenere sempre una distanza fisica dalle persone. Ma se non affronti questa paura, lei non sparirà mai. Ti farà costantemente dubitare di te stessa e aumenterà l'ansia facendoti credere che non sei degna/o di amore ed il ciclo ricomincerà.

Il modo migliore per sconfiggere la paura è affrontarla. Ed è importante farlo perché la paura allontana le persone che, invece, potrebbero essere lì per aiutarti, per proteggerti e, soprattutto, darti l'amore che meriti.

Va però detto che, a seguito di un trauma da abuso narcisistico, è anche normale perdere la capacità di fidarsi di sé stessi e delle altre persone. La fiducia tornerà naturalmente quando ci si aprirà a nuove esperienze e a nuove conoscenze.

Lentamente ma costantemente, nutrendoti quotidianamente, avendo cura di te stessa, la fiducia, come per magia, tornerà nella tua vita. La cosa importante da ricordare è che questa volta sarai consapevole di tante cose; fidati, quindi, di te stessa, perché starai bene e sarai in grado di gestire tutte le opportunità che la vita ti presenterà.

Ricorda, uno dei modi migliori per creare fiducia in te stessa, ed averne contemporaneamente negli altri, è assicurandoti che i confini da te stabiliti vengano sempre rispettati. Quando comincerai a vedere che le persone rispettano i tuoi confini, la sicurezza aumenterà. Con una maggiore sicurezza, aumenterà anche la fiducia in te stessa.

Suggerimenti per ricominciare con gli incontri

Prima di tutto, come avrai capito, avrai bisogno di un po' di tempo.

Prima di iniziare a frequentare qualcun altro, infatti, è importante che tu sia completamente guarita dall'abuso. Sicuramente potrà esser frustrante vedere tutti i tuoi amici sposarsi o avere figli, fidanzarsi e star bene. Purtroppo, al giorno d'oggi, i social media non aiutano perché sei costantemente bombardata da foto di coppie e matrimoni felici, ciò potrebbe senza dubbio scoraggiarti. Desiderare un matrimonio, una storia felice, una casa, dei figli non sono affatto brutte cose, ma per arrivarci come desideri, devi prima guarire. Ricorda, dopo aver vissuto un trauma da abuso, sarai potenzialmente una persona migliore e più forte. Ma devi prenderti il tempo di guarire e metabolizzare tutto! Il tuo corpo e la tua mente ne avranno sicuramente bisogno. Quindi, ripeto, non avere fretta! La guarigione è un viaggio, goditelo. Ti renderai conto di quanto sia meraviglioso entrare finalmente in contatto con te stessa, con i tuoi sentimenti e le tue emozioni e cominciare a coccolarti.

Sarebbe assolutamente sbagliato buttarsi velocemente in un'altra storia per la paura di rimanere soli. Potresti provare un sollievo temporaneo ma, per il lungo termine, non è mai una buona soluzione. Se non ti prendi il tempo necessario per guarire, la nuova relazione ti si potrebbe anche ritorcere contro; non è escluso che tu possa finire in una situazione come se non peggiore di quella precedente o addirittura rimanere attaccata all'idea di tornare con il tuo ex. E così continuerai a farti del male.

Quindi, durante la guarigione, l'unica persona che devi frequentare sei tu. Capito?

Regalati una cena fuori, esci e vai in un pub a bere una birra, guardati un film, leggiti un libro, fai qualunque cosa tu voglia fare per te stessa. Coccolati!

E proprio come hai imparato l'arte del non reagire, ora è il momento di imparare l'arte dell'auto-compassione. Allenati, perché sei assolutamente degna di amore e rispetto.

Durante questo periodo, potresti anche iniziare a studiare la meditazione. Molto noti, difatti, sono gli effetti di tale pratica che pare riesca a restituire calma e serenità sia alla mente che al corpo. Concentrati anche sulle attività fisiche per aiutare il cervello a riprendersi dal trauma.

Quando ti sentirai pronta, quando sentirai dentro di te di esser veramente guarita, potrai tranquillamente iniziare a frequentare nuove persone. Ricordati che questo non è un progetto con una scadenza definita, non avere fretta, non ci sono tempi da rispettare né obiettivi da raggiungere velocemente. Capirai da sola quando sarai pronta.

Vai piano

Una volta che ti sentirai pronta, deciderai di cominciare con le nuove frequentazioni. Ma continua ad esser cauta, procedi lentamente.

Non mostrare mai bisogno e attaccamento all'altra persona. Non permettere all'altra persona di controllare la tua vita o di trattarti male, stabilisci dei confini, come già detto, rispettali e falli rispettare. Non concederti subito, trascorri del tempo a conoscere l'altra persona prima di arrivare all'intimità e ad innamorarti perdutamente. Tu hai un VALORE enorme, tienilo sempre presente.

Ricorda inoltre che l'amore non arriva subito. Se cedi troppo presto ed arrivi in un battito di ali all'intimità, allora è probabile che il tuo io co-dipendente tornerà, ed il ciclo comincerà un'altra volta. Impara ad evitarlo e procedi con cautela, non mi stancherò mai di dirtelo. Lo sai che la ripetizione costante è una tecnica per riprogrammare la mente? Lo sai che la mente lavora per immagini? Ecco, dobbiamo sostituire le immagini, le credenze ed i paradigmi limitanti che hai installato nel tempo nella tua mente con cose nuove...ma non è questa la sede per affrontare la riprogrammazione mentale. Torniamo a noi...

Non appena la nuova persona insisterà su alcuni comportamenti e tu comincerai a vivere del disagio, non appena avvertirai che non sta rispettando i tuoi confini, a quel punto, tu dovrai lasciarlo andare. Proprio per questo dovrai procedere con cautela, dovrai capire perfettamente chi hai davanti prima di impegnarti in un qualcosa di serio.

Impara a fidarti di te stessa

Concediti una possibilità! Se avrai un dubbio, approfittane e fidati del tuo istinto. Avvicinati agli altri in modo puro, senza alcun pregiudizio e non lasciare che il passato ti condizioni offuscando la tua capacità di giudizio.

Quello che hai vissuto durante la relazione con un narcisista ti ha abituata a razionalizzare troppo concedendogli quasi tutto. Non deve più succedere! Va bene avere la testa sulle spalle ma dovrà essere l'istinto a guidarti. Non concedere sempre a tutti il beneficio del dubbio, non lasciare che ti influenzino. Fidati del tuo giudizio e se senti che qualcosa non va, allora allontanati, con calma e senza girarti.

Capitolo 12 – Attività consigliate per riprendere il controllo

In questa parte vorrei proporre alcuni spunti relativi ad una certa filosofia di vita strettamente legata alla spiritualità che alberga in ognuno di noi e che ritengo essere un'ottima base di partenza per un esame più profondo di noi stessi. Svolgere e praticare determinate attività potrebbe aiutarti a riprendere il controllo di te stessa e a sviluppare maggior consapevolezza. Vediamole:

Interagire con animali domestici

Alcuni studi scientifici, sostengono che il fatto di far crescere i bambini in un ambiente dove ci sono animali domestici possa esser di grande aiuto nello sviluppo di una personalità sana e di un buon carattere.

Gli animali ci insegnano molte cose. Ci insegnano a donare amore incondizionato, ci insegnano il rispetto per la natura, ci insegnano ad avere senso di responsabilità e a comunicare...Gli animali stimolano moltissimo anche la nostra curiosità. La natura è piena di lezioni. Ed avere un animale domestico in casa, significa mettere queste lezioni all'interno del nostro salone, del nostro giardino e, perché no, all'interno della camera da letto dei nostri figli.

Ti sembrerà strano ma, ad esempio, un'attività che vale la pena considerare mentre provi a riprendere il controllo dei tuoi pensieri è immaginare proprio cosa pensano gli animali domestici.

La seconda attività, sempre legata agli animali, potrebbe essere quella di immaginare come, ad esempio, parlerebbero se potessero parlare in inglese o in francese o nella lingua che preferisci. Questa attività segue piacevolmente la precedente. Quando avrai considerato i pensieri, i desideri e gli istinti legati alla nozione umana di pensare, potresti chiederti come il tuo gattino (o qualsiasi altro animale domestico) si esprimerebbe se potesse parlare un'altra lingua. Parlerebbe con frasi complete o parziali? E quali pensieri sceglierebbe di trasmettere ai suoi proprietari?

La terza attività invece potrebbe essere quella di comunicare con i propri animali. Legata anch'essa alle precedenti, sicuramente ti sembrerà strana come le altre, ma questa attività potrebbe consentirti di esplorare la natura della comunicazione e scoprire quanto essa sia effettivamente di natura linguistica e quanto invece sia di natura para-verbale o non verbale. Sulla PNL bisognerebbe scrivere un libro a parte e non è escluso che prima o poi lo faccia...

La quarta attività potrebbe essere quella di cercar di capire quale tipo di interazione un animale domestico desidera o richiede dal suo proprietario umano. Il vantaggio di questa attività sarà quello di ampliare l'abilità di un esame esplicito riguardo l'individualità del prossimo oltre che permettere di chiederti cosa vuole e cosa si aspetta. Perché allora non cominciare proprio con il nostro pelosetto?

La quinta attività dovrebbe essere quella di prendere in considerazione la qualità della vita del tuo animale domestico che in sinergia con le altre attività potrebbe farti considerare che tipo di vita varrebbe la pena vivere. Questo è un aspetto importantissimo a cui tutti noi umani dovremmo rispondere. E gli animali domestici potrebbero fornirci di riflesso alcune informazioni su quali sono i bisogni fondamentali di ognuno di noi.

Questo ci porta a considerare in che misura la qualità della vita implica il controllo di alcuni aspetti di essa.

Fino a che punto hai perso il controllo nella tua relazione con il narcisista? Di cosa hai bisogno in particolare per tornare indietro? Ciò migliorerebbe la tua qualità di vita?

Una volta arrivata a questo, una volta che sarai riuscita ad entrare in simbiosi con il tuo animale ed aver perfettamente capito quali sono i suoi bisogni e cosa vuole da te, potresti cominciare a pensare a quanto tu potresti essere importante per molte persone nella tua vita; a quanto potresti fare per le persone della tua vita; e a quanto potresti dare a queste persone.

Quanto controllo avresti su tutto questo? Per quale motivo faresti tutte queste cose per il tuo animaletto o per le altre persone? Capisci quante possibilità di scelta hai di fare o meno le cose per gli altri? Riesci a misurare il livello di controllo che potresti raggiungere in tutte le situazioni che ti vengono in mente?

Ebbene si amica mia, gli animali potrebbero essere un'enorme e gratificante fonte di introspezione per raggiungere quella consapevolezza di cui parlavano in qualche capitolo fa...

Giardinaggio

Il giardinaggio, come gli animali domestici e le passeggiate, stimola domande sulla natura. Perché alcune piante prosperano in determinati tipi di terreno? Cosa determina il colore di un fiore? Perché i nostri pomodori non sono grandi come i pomodori al supermercato? Il giardinaggio è un modo per conoscere la natura, esserne ammaliati ed interagire con essa.

La prima attività, relativamente al giardinaggio, potrebbe essere quella di giocare con la terra. È importante che i bambini scavino nella terra, che scoprano la differenza tra la sabbia e i trucioli di legno o qualsiasi altra cosa un giardino o un parco giochi gli fornisca. È una buona cosa imparare la differenza tra un tipo di terreno e un altro. Si potrebbero scoprire cose interessanti sulla differenza tra i tipi di terreno e sul perché alcune piante prosperano in un tipo di terreno piuttosto che in un altro.

Considera che quando eri in una relazione con un narcisista, era come se fossi stata piantata in un tipo di terreno sbagliato. Non potevi crescere sana e rigogliosa su quel terreno, l'ambiente non era quello giusto e non stavi assumendo i nutrienti adeguati. Il narcisista era come un'erbaccia che ti toglieva linfa vitale senza restituirti nulla.

La seconda attività legata al giardinaggio potrebbe essere quella di divertirsi a cercare semi di ogni tipo e considerare quali tipi di piante crescono meglio in una determinata posizione. Confronta quindi la tua situazione personale con l'importanza che hanno determinate condizioni per lo sviluppo e la crescita di quelle piante; presta attenzione al fatto che, indipendentemente da quanto potenziale ha un seme, la pianta appartenente ad esso non crescerà MAI in determinate condizioni di terreno e meteorologiche.

La tua relazione con il narcisista era proprio così! Eri come un seme piantato in un luogo con condizioni meteorologiche sbagliate in un terreno arido che non riusciva a raggiungere il suo pieno potenziale.

La terza attività è molto più pratica ed è, ovviamente, la semina. Tocca il suolo, scopri come piantare al meglio qualcosa, classifica ciò che hai piantato e condividi i progressi della pianta con chi vuoi. Sii orgogliosa di ciò che hai fatto e ricorda che potrai controllare tutto ciò che riguarda la tua piantina. Lei è totalmente sotto il tuo controllo. Potrai controllarne la posizione, il tipo di terreno, l'acqua, l'antiparassitario e qualsiasi altra cosa tu abbia deciso di affrontare. Certo, non potrai controllare il tempo, non tutto, purtroppo, è sotto il nostro controllo e di questo dobbiamo prenderne atto. Ma da questo potrai imparare quanto, nella vita, molto dipenderà da te una volta che avrai deciso di piantare il seme del cambiamento.

La quarta attività potrebbe essere quella di misurare la crescita. È incredibile ed altrettanto meraviglioso vedere come si evolvono le cose. Questo può darti una prova dell'evoluzione di qualcosa. Osserva la differenza giorno per giorno, settimana per settimana; misura l'altezza, il colore e la rigogliosità. Riconosciti il merito della sua crescita perché hai controllato così tanto del suo potenziale ed oggi, finalmente quella pianta è diventata qualcosa più di un seme.

La quinta attività potrebbe essere quella di estirpare le erbacce. Ricordi il concetto di erbaccia come metafora introdotta prima relativamente all'abuso narcisistico?

Ecco, tienilo presente e strappa le erbacce dal tuo giardino in modo che le piante che vuoi coltivare non ne subiscano l'abuso. Ogni volta che ne strappi una, considera che stai rimuovendo una pianta narcisista dal tuo giardino per far crescere pacificamente quello che hai piantato.

La sesta attività potrebbe essere quella di studiare e coltivare erbe particolari ed apprenderne il loro utilizzo a scopo terapeutico. Lasciati stupire dagli usi di erbe diverse e valuta se tutto ciò di cui abbiamo bisogno in questo mondo per guarire noi stessi possa essere coltivato se solo usassimo le risorse a nostra disposizione. Potresti scoprire, ad esempio, alcune erbe che potrebbero aiutarti a rilassarti e il rilassamento ti aiuterà, a sua volta, nel recupero. Potresti scoprire erbe che curano il tuo corpo, saranno un aiuto per il tuo recupero emotivo. Sai che la mente è molto più efficiente se il corpo sta bene?

La settima attività potrebbe essere quella di osservare gli insetti. Sporcati le mani al parco o nel tuo giardino, raccogli i lombrichi, rilascia le coccinelle nei tuoi cespugli di rose, immedesimati, fingi di essere la regina di tutto, assapora questo potere e controllalo. Ma non come fa un narcisista, cerca il controllo sulle cose che contano per te, trovalo nella tua anima più gentile.

L'ottava attività potrebbe essere quella di pulire il tuo giardino o, se non ne hai uno, badare al terrazzo. Il giardinaggio è un'attività disordinata e l'organizzazione è la chiave. Assicurati di mantenere il giardino sempre pulito e in ordine, questo ti darà un senso di completezza nella tua vita. Pensa alla correlazione che c'è tra estetica e confini. Il narcisista nella relazione ha capito l'estetica ma non i confini. Quando sistemi qualcosa permetti a chiunque di rovinarla?

Cara amica, so già a cosa stai pensando! Forse il giardinaggio e la cura del tuo animale domestico non bastano per arrivare ad essere sicuri di aver riguadagnato il controllo che avevi perso ma certamente è un inizio. Ti ho consigliato queste attività per farti vedere su quante cose tu puoi avere il controllo. Non lo hai mai perso, il narcisista con cui sei stata, o magari con il quale ancora sei in relazione, ti ha solo fatto pensare di averlo perso. Ma tu ancora lo hai e queste attività te lo ricorderanno. Praticale spesso e se queste in particolare non ti attirano, trova qualcos'altro, cerca qualcosa che ti si addica! Insomma, amica mia, cerca un modo per vedere quanto della tua vita, ogni giorno, è incredibilmente nelle tue mani.

Capitolo 13 – Un narcisista può guarire?

Cerchiamo adesso di rispondere ad una domanda che in molti si pongono spesso. Prima di tutto, se attualmente sei in una relazione con qualcuno che ha qualche tendenza narcisistica, accetta il fatto che lui abbia qualche problema e prendi in seria considerazione l'idea di cercare aiuto, credimi, non c'è niente di male. Alla lunga, anche se non è scontato, lui potrebbe unirsi alla terapia, potreste iniziare a vedere assieme un consulente ad esempio ed iniziare a cambiare la relazione.

Comunque, in sostanza, consideriamo la scala dello spettro del narcisista di chi abbiamo ampiamente detto prima.

Come prima ipotesi dunque, in riferimento ad un grado di narcisismo non troppo alto, se la persona in questione comincia a manifestare piccoli segnali di ravvedimento e smette di fare o dire cose che possono essere interpretate come abusanti e manipolative e dimostra quindi di fare uno sforzo consapevole per modificare le cose, allora qualche possibilità di cambiamento c'è. Se il tuo partner mostra sinceramente di avere a cuore la relazione e fa di tutto per rendere quel cambiamento reale, allora potresti sicuramente darti una possibilità e nutrire qualche speranza. È possibile!

Prima però di fare considerazioni affrettate pensa a questo: la persona agisce e dimostra attraverso le sue azioni la volontà di cambiare? È in grado di vedere qual è la realtà e che danno ti sta infliggendo? Può comprendere attentamente gli effetti che la relazione violenta ha su di te e sugli altri e pensi sia disposto a lavorare su sé stesso? Riesce a realizzare chiaramente l'effetto negativo che le sue parole hanno su di te? Se le risposte a tutte queste domande sono positive, allora puoi cominciare a prendere in considerazione questa possibilità.

Adesso vediamo il caso di un individuo che si trova nella parte più alta della scala dello spettro del narcisista. Parliamo quindi di qualcuno che non è in grado di vedere ciò che sta facendo, che non riesce ad assumersi alcuna responsabilità, che non ha assolutamente voglia di cambiare i suoi comportamenti e che non ammette mai il danno che causa agli altri. Tu potresti anche aver fatto la tua parte, parlando con lui dei problemi che ti sta causando ma lui continua ad esser essere cieco riguardo i tuoi sentimenti e continua a darti la colpa di tutto e a negare qualsiasi responsabilità. In questo caso, devi assolutamente lasciar andare. Se ti ostacola e si scrolla di dosso ogni responsabilità senza alcun senso di rimorso, allora, purtroppo, non ci sono possibilità di cambiamento. La prognosi per un eventuale ravvedimento non esiste nel modo più assoluto.

Se nutri speranze in una situazione del genere, stai semplicemente preparando il terreno all'ennesima delusione. Prima seppellirai questa speranza, prima potrai liberarti dalla sua tossicità. Prima metterai fine alla relazione, prima potrai iniziare il tuo processo di recupero.

Come già detto, avrai bisogno di tempo! Avrai bisogno di tempo non solo per piangere la perdita di tutte le speranze che hai avuto ma avrai soprattutto bisogno di tempo per guarire. Mantenere l'illusione, mantenere viva la speranza di un suo cambiamento quando nei fatti non c'è nulla che possa far pensare a questo, è tremendamente tossico. Perché questo tipo di speranza ti rovinerà la vita e ti impedirà di andare avanti. Questo tipo di speranza potrebbe anche farti impazzire a causa del circolo vizioso di abusi in cui verrai risucchiata. Se il narcisista rifiuta di cambiare, non c'è niente che tu possa fare.

Dare a qualcuno l'opportunità di cambiare quando lui non ha alcuna intenzione di farlo, è una perdita di tempo. Non badare alle sue parole, avrai imparato ormai che molto spesso sono false. Guarda ai fatti. E se ci sono discrepanze tra i suoi comportamenti e le sue parole, allora devi immediatamente prenderne le distanze ed interrompere in ogni modo la relazione. Stai lontano da una persona simile, mantieni le distanze più che puoi! Queste persone sono tossiche e dannose per la tua salute fisica e mentale.

Se vuoi vivere una vita felice allora devi scappare e farlo adesso. Devi agire, devi riprendere il controllo della tua vita.

È arrivato il momento di chiudere questa relazione tossica. È arrivato il momento di capire che meriti di meglio. È arrivato il momento di andare avanti. È arrivato il momento di VIVERE.

Conclusioni

Congratulazioni! Sei arrivata alla fine di questo libro. Da parte mia, spero di averti intrattenuta piacevolmente e magari averti aiutata ad aprire gli occhi su quello che ti sta accadendo. L'abuso narcisistico può portare a spiacevoli conseguenze se non lo si contrasta adeguatamente.

Durante la scrittura, ho spesso pensato a come poter fornire ai lettori informazioni di carattere generale sul narcisismo e sull'abuso narcisistico tenendo bene a mente l'uso di un linguaggio semplice e propedeutico all'assimilazione dei concetti base di questo argomento. Sappi che non ho mai avuto la pretesa di esser presa come guida definitiva. L'argomento è molto complesso, ricco di sfaccettature e contraddizioni e come tale meritevole di esser approfondito in altre sedi, non necessariamente mie.

Spero, però, di aver fatto nel migliore dei modi il mio dovere ed averti dato un'idea su questo disturbo della personalità. Spero, altresì, di esser riuscita a farti aprire gli occhi sui modi in cui il narcisista può abusare di te ed averti indicato la strada da percorrere nel tuo viaggio verso la guarigione. Informarsi è il primo passo da fare nel raggiungimento di quella consapevolezza che considero essere il presupposto essenziale di ogni percorso di cambiamento.

Ora tocca a te! Fai tue le informazioni di questo libro, considera quelle necessarie ed impara a riconoscere l'abuso, ad affrontarlo e a guarirne definitivamente.

Se invece, e per fortuna direi, non sei ancora stata abusata, o se le forme di abuso sono ancora lievi, apri gli occhi. È compito tuo scegliere di andare avanti e cercare relazioni sane.

Meriti molto di più di un abuso narcisistico; meriti di essere amata; meriti di vivere una vita libera dai danni che un abuso può generare; meriti di esser rispettata e desiderata veramente. Meriti di esser riconosciuta e validata per quello che sei e non per come fai sentire gli altri; meriti di esser considerata nei sentimenti e rispettata nella dignità. Sei una persona, con i suoi pregi ed i suoi difetti e meriti di esser VISTA per questo.

Adesso, mentre continuerai nel tuo viaggio, ricorda ciò che questo libro ti ha insegnato! Fidati di te stessa, sempre, in ogni occasione. Fidati del tuo istinto e cerca di vivere cercando l'intensità di quell'amore che ti ha messo al mondo. Te lo meriti. E sappi che ne varrà assolutamente la pena. Ti voglio bene.

Grazie per aver acquistato **Il Narcisismo.**

So che avresti potuto scegliere tra un numero molto ampio di libri da leggere ma hai scelto il mio e di questo te ne sono estremamente grata.

Se, quindi, ti è piaciuto e ti ha lasciato qualcosa, mi piacerebbe avere una tua opinione. Spero, pertanto, che tu possa dedicare un po' del tuo preziosissimo tempo a scrivere e pubblicare una recensione su Amazon.

Voglio che tu sappia che la tua recensione, per me, è molto importante.

Ti auguro tutto il meglio!